La femme dans l'industrie du multimédia
Le numérique : pas de place pour les femmes ?

Par Stéphanie Ponsaers

Ce livre a été rédigé dans le cadre académique de l'Institution des Arts de Diffusion en master Réalisation Multimédia.

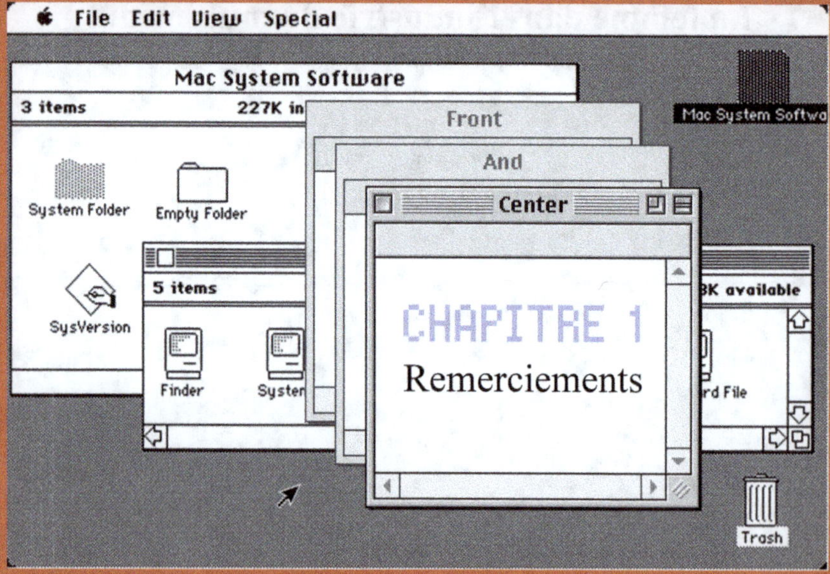

File Edit View Special
Mac System Software
3 items
227K in
System Folder
Empty Folder
SysVersion
5 items
Finder
System
Front
And
Center
CHAPITRE 1
Remerciements
Mac System Softwa
BK available
rd File
Trash

1.
Remerciements

Je tiens à remercier toutes les personnes qui m'ont aidé à la réalisation de ce mémoire.

Je voudrais remercier en premier lieu mon promoteur, Jérôme COUPÉ, pour son soutien sans faille, son humour, sa disponibilité et ses nombreuses relectures. Merci d'avoir cru en ce mémoire dès les premiers instants.

Je salue également tous les professeur.es ainsi que tout le corps encadrant de l'Institut des Arts de Diffusion pour la qualité de l'enseignement et leur accompagnement lors de mon cursus. Un grand merci à Sylvia MINNAERT pour son soutien, son écoute ainsi que le temps accordé. Merci également à Pascale VANCAMPENHOUDT pour la gestion et le suivi.

Je remercie toutes les femmes qui ont accepté de me donner de leur temps et de leur motivation afin de me livrer des témoignages enrichissants.

Je tiens également à exprimer ma reconnaissance envers toutes les personnes qui ont effectué une relecture de mon mémoire et, par la même occasion, donné de précieux conseils. Je pense notamment à Justine, Marian, Sebastien et Thomas. Un grand merci à Tom CONNEELY MCINERNEY pour son oreille attentive, ses relectures et sa confiance.

J'aimerais exprimer ma gratitude pour toutes les personnes et les collectif.ves avec qui j'ai pu partager. Chacun de ces échanges a pu nourrir mon analyse.

Enfin, je remercie mes parents pour leur soutien inconditionnel.

File Edit View Special
Mac System Software
3 items   227K in
Mac System Softwa
System Folder   Empty Folder
SysVersion
Front
And
Center
5 items
CHAPITRE 2
Table des
matières
Finder   System
3K available
rd File
Trash

2.

Table des matières

File   Edit   View   Special
Mac System Software
3 items   227K in
System Folder   Empty Folder
SysVersion
5 items
Finder   System
Mac System Softwa
Front
And
Center
BK available
CHAPITRE 3
Avant-propos
rd File
Trash

3.

Avant-propos

Nous pouvons observer, dans les domaines du numérique, une sous-représentation des femmes. Suite à des stéréotypes et du sexisme découlant du système de genre, nous pouvons apercevoir des inégalités mais aussi une invisibilisation des femmes.

Dans un premier temps, je vais user de ma parole de femme de par mon vécu personnel, mais aussi, par le biais d'interviews, de celui de plusieurs femmes qui évoluent, elles aussi, dans le numérique. Le choix de donner la parole uniquement à des femmes est un choix assumé.

Je tiens à préciser que par le terme "femme" j'inclus ici toute personne se sentant comme telle. Il est question de genre et non de sexe. Je pense qu'il est important d'écouter les voix et les expériences des femmes qui sont sous-représentées. Leurs paroles ainsi que leurs idées doivent être exprimées par elles-mêmes et non par le biais d'intermédiaires.

Ce mémoire a été rédigé en écriture inclusive. Une écriture utilisant à la fois le féminin et le masculin dans la même phrase. Comme le souligne Isabelle Collet dans "Les oubliées du numérique" : "nous ne pouvons pas utiliser le masculin de manière neutre dans les représentations des individus, surtout sur un sujet parlant de l'inclusion des femmes. Les normes de l'écriture inclusive ou épicène sont les suivantes :

- Lorsqu'un mot concerne le féminin et le masculin, l'utilisation du point rentre en vigueur. Par exemple, les réalisateur.rices.
- Quand l'utilisation du point se montre trop fastidieuse, on peut utiliser la double flexion. L'ordre des mots est alors alphabétique. Par exemple, les femmes et les hommes ou tous et toutes."[1]

---

[1] COLLET Isabelle, <u>Les oubliées du numérique</u>, Le Passeur, Paris, 2019, 224p.

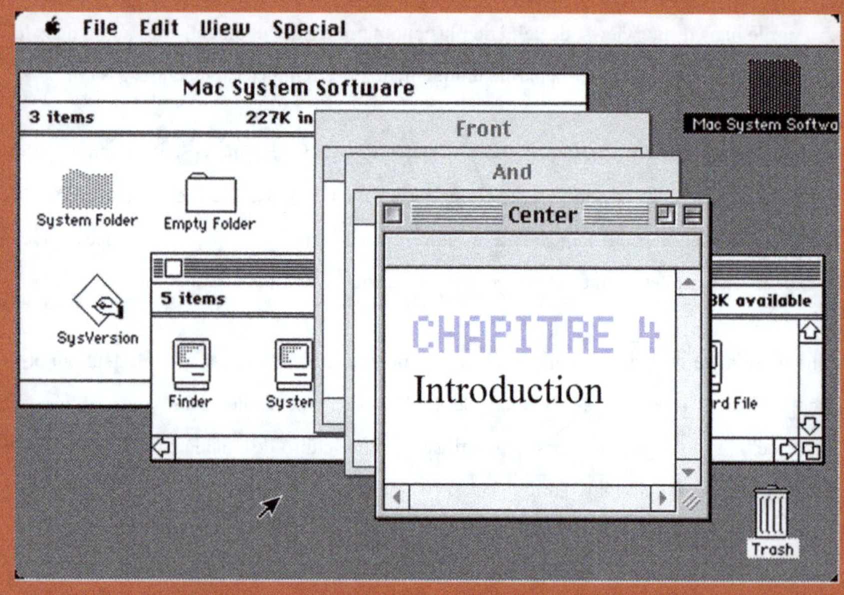

File Edit View Special
Mac System Software
3 items   227K in
Mac System Softwa
System Folder   Empty Folder
Front
And
SysVersion
Center
5 items
BK available
CHAPITRE 4
Introduction
Finder   System
rd File
Trash

4.

Introduction

Le mémoire est décrit comme l'aboutissement d'un cursus universitaire. Il permet, entre autres, de prendre du recul sur ses dernières années d'étude. Je souhaite donc, à travers ce mémoire, faire le point sur les quatre dernières années de mon cursus scolaire. Je veux parler de mon vécu en tant que femme sur mes dernières années d'étude dans le graphisme 2D et 3D, mais également de mes premiers contacts avec le monde du travail qui ont surtout eu lieu dans le domaine du motion design 3D.

L'idée de traiter la place de la femme dans le numérique m'est venue lors de mon stage de fin de bachelier qui s'est déroulé dans une boite de production où j'ai occupé le poste de motion designer 2D/3D. Je me suis surprise, pour la première fois, à observer autour de moi et me demander : "Pourquoi est-ce que je travaille, sans cesse, uniquement avec des hommes ?". Il y avait bien des femmes dans ma classe, mais une fois dans le milieu professionnel, je me retrouvais systématiquement et exclusivement avec des hommes. C'était la première fois que je m'interrogeais à ce sujet et pourtant j'avais déjà été confrontée à cette situation une multitude de fois. Je n'avais tout simplement jamais porté mon attention sur cette problématique.

Dès le départ, lors de mon test d'entrée en école d'art, j'ai été jugée par des hommes. Ensuite, tout au long de mon cursus scolaire, je n'ai eu qu'une professeure de graphisme. Quant au contenu de mes cours ou les nombreux tutoriels sur Internet que je pouvais suivre, ils étaient, eux aussi, pauvres en modèles féminins. Mes livres d'histoire de l'art étaient très fournis en références masculines alors que bien des femmes ont contribué au numérique. Mais où étaient-elles passées ?

C'est à partir de ce moment que j'ai commencé à m'intéresser à la place de la femme dans le graphisme. J'ai commencé à feuilleter des livres et magazines promouvant des artistes féminines qui pour beaucoup étaient révolutionnaires dans leur art. Petit à petit, je me suis ouverte au féminisme et à des collectif.ves. Je me suis aperçue que j'avais finalement très peu de modèles ou de références féminines.

Premières expériences professionnelles

Mes premières expériences dans le milieu professionnel ont été dans le domaine du motion design 2D. Si j'ai pu croiser quelques femmes travaillant dans le milieu, je n'ai malheureusement pas eu la chance de collaborer avec elles.

À partir du moment où j'ai voulu m'épanouir dans le milieu de la 3D, en tant que généraliste, j'ai remarqué que la proportion de femmes diminuait davantage. Ici encore, je n'ai jamais pu travailler avec une collègue femme. Pour ce qui est des postes hauts placés, les directeur.trices artistiques par exemple, le nombre de femmes est encore plus restreint. À nouveau, je n'ai jamais travaillé pour des femmes occupant un poste de direction. À chaque fois que je rencontrais des femmes sur mon lieu de travail, elles occupaient des postes de service tels que le secrétariat ou la communication.

Certes, j'ai eu majoritairement des collègues hommes, ou perçus comme tels, très inclusifs qui ont toujours fait au mieux pour que je me sente intégrée et qui m'ont toujours donné une chance pour que j'évolue dans le milieu. Je leur en suis d'ailleurs très reconnaissante. Je trouve néanmoins qu'il est difficile d'évoluer dans un milieu exclusivement hétéronormé. Nombreuses sont les situations qui me rappellent que je suis l'unique femme de l'équipe. Je vois bien que je suis exclue de certaines discussions. Même si je sais que c'est pour ne pas me choquer ou me renvoyer une image machiste à cause de quelques blagues graveleuses faites "entre hommes", cela renforce mon sentiment de ne pas être tout à fait intégrée et bienvenue.

En plus de me sentir étrangère à ce groupe homogène, j'ai l'impression de devoir compenser ma différence par plus de travail, comme si j'avais besoin de prouver quelque chose par rapport à mes collègues masculins. J'ai le sentiment de devoir adopter des comportements associés à ceux des hommes pour être plus facilement intégrée. J'ai également remarqué prendre beaucoup de temps le matin pour me préparer, car l'idée de paraître vulgaire ou négligée me met extrêmement mal à l'aise. Plus grave, il m'est arrivé d'acquiescer d'un sourire certaines remarques machistes lors d'un entretien d'embauche ou de me taire face à des comportements sexistes pour éviter de faire des histoires et de perdre mon travail. J'adore mon métier, mais je veux pouvoir l'exercer en toute confiance et sérénité en ayant l'occasion d'être tout simplement moi-même.

En posant ces mots, je prends conscience de leur gravité. Je pense que ces dernières années ont été fortes en bouleversements grâce à des mouvements tels que #MeToo. Nombre de femmes ont osé élever leur voix, ont fondé des collectif.ves pour se mettre en lumière, pour échanger leurs idées. J'ai souvent eu le sentiment d'être impuissante face à cette problématique. Le fait de m'intéresser de plus près à celle-ci, de rencontrer des femmes qui ont les mêmes difficultés, de lire des témoignages sur les problèmes sexistes dans le milieu, m'a aidée à dissiper ce sentiment d'impuissance. Grâce à différentes lectures et collectif.ves, j'ai enfin des modèles inspirants et épanouissants.

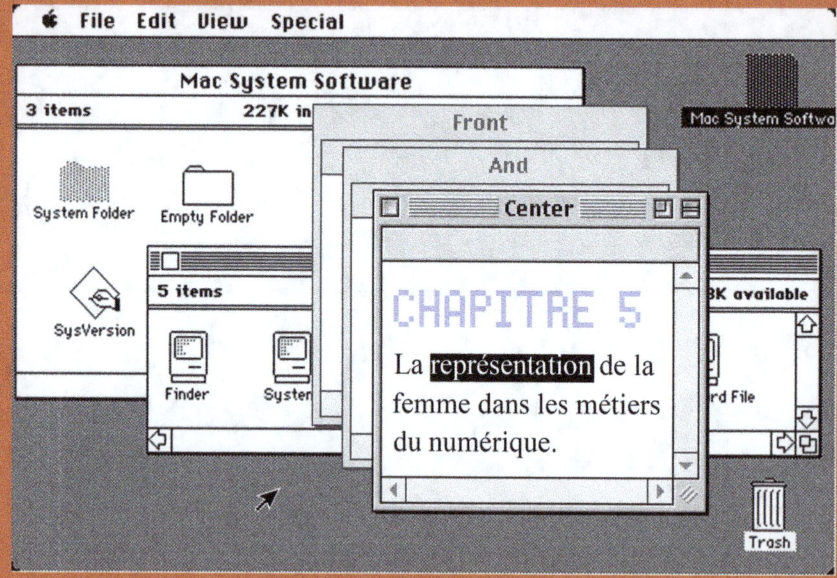
File   Edit   View   Special
Mac System Software
3 items   227K in
System Folder   Empty Folder
SysVersion
5 items
Finder   System
Front
And
Center
CHAPITRE 5
La représentation de la
femme dans les métiers
du numérique.
Mac System Softwa
3K available
rd File
Trash

5.

La représentation de
la femme
dans les métiers du numérique

La sous-représentation des femmes de nos jours

Je pense qu'il est important de poser des bases avant de rentrer dans les différents points qui fondent la problématique. Nous allons, à travers ce premier point, analyser les différentes statistiques concernant la représentation des femmes dans les métiers du numérique.

Alors qu'aujourd'hui nous peinons à atteindre la parité dans le numérique, il faut savoir, qu'à la fin des années 80, le pourcentage de femmes était de 50% dans les écoles d'informatique. À partir de là, leur nombre a drastiquement chuté. En effet, en 1990, avec l'avènement de la micro-informatique, les étudiantes en informatique n'étaient plus que 25%[2]. En 2019, les femmes ne représentaient plus que 16% des étudiant.e.s dans les écoles d'informatique selon la fondation Femmes@numériques[3]. Il y a donc eu une chute de 80% en 40 ans. Aucun autre champ d'activité n'a vu un tel déclin. Il est important de souligner que la Belgique est la plus impactée par la sous-représentation des femmes en ce qui concerne le pourcentage de diplômé.ées dans les filières informatiques.[4]

Toujours selon Fondation Femmes@numérique, cette tendance est malheureusement confirmée dans le monde professionnel. Nous pouvons compter seulement 30% de salariées dans les métiers du numérique[5] et moins de 15% occupent des postes autres que des fonctions de support

---

[2] Cairn Info, La disparition des filles dans les études d'informatique : les conséquences d'un changement de représentation [Active], from : https://www.cairn.info/revue-carrefours-de-l-education-2004-1-page-42.htm (Accessed 10 December 2021).

[3] Femmes@numérique, Les chiffres-clés : étudiantes Femmes@numérique. [Active], from : https://femmes-numerique.fr/les-chiffres-cles-etudiantes/ (Accessed 10 December 2021).

[4] Petra De Sutter, « Women in Digital » entend attirer davantage de femmes dans l'ICT [Active], from : https://desutter.belgium.be/fr/%C2%AB-women-digital-%C2%BB-entend-attirer-davantage-de-femmes-dans-l%E2%80%99ict-0 (Accessed 10 December 2021).

[5] Femmes@numérique, Quelle place pour les femmes dans le numérique ? [Active], from : https://femmes-numerique.fr/quelle-place-pour-les-femmes-dans-le-numerique/ (Accessed 10 December 2021).

(RH, administration, marketing)[6] qui ne permettent pas une progression dans les entreprises. Nous pouvons aussi préciser que seulement 7% des femmes sont à la tête de start-ups[7], le chiffre est le même pour la Belgique[8]. Pour ce qui est de l'intelligence artificielle, qui aura un impact majeur dans le futur, nous pouvons compter 12% de femmes dans les chercheur.euses[9]. Selon un rapport d'Accenture et Girls Who Code, la moitié des femmes quittent leur emploi dans le numérique avant même d'avoir 35 ans alors que la proportion est de 20% dans les autres secteurs. 35% ont motivé leur choix par le manque d'inclusivité dans l'entreprise.[10]

Du côté des étudiant.e.s en animation aux Etats-Unis et en Europe, le pourcentage de femmes est beaucoup plus élevé. Nous pouvons observer un taux de 60% selon le groupe de défense Women In Animation (WIA). Le problème se situe dans le taux de décrochage à mesure qu'elles entrent dans le milieu professionnel. Toujours selon WIA, 20% des rôles dans l'animation sont occupés par des femmes.[11]

Plus préoccupant encore, seulement 3% des réalisateur.rices de films d'animation sont des femmes tandis que les femmes de couleur, elles, ne représentent que 1%.[12] Ces chiffres sont valables pour les différents rôles de l'industrie tels que la technologie, la finance, les artistes FX, les généralistes, les CGI et les compositeurs. 20% de femmes sont dans le compositing et 18% de femmes occupent des rôles techniques dans la 3D et les CGI. Pour ce qui des postes à responsabilité, il y a seulement 3,5% de femmes en tant que superviseur.euses CG/3D et uniquement 2,9% de femmes en tant que superviseur.euses VFX. Pour ce qui est des

---

[6] Femmes@numérique, Pourquoi se passer de 50% de nos talents ? [Active], from : https://femmes-numerique.fr/ (Accessed 10 December 2021).

[7] Femmes@numérique, Quelle place pour les femmes dans le numérique ? [Active], from : https://femmes-numerique.fr/quelle-place-pour-les-femmes-dans-le-numerique/ (Accessed 10 December 2021).

[8] ARES, Présentation PowerPoint. [Active], from : http://www.ares-ac.be/images/Femmes_sciences/2020-02-11/2020-02-11-Les-femmes-et-le-numerique-un-maria ge-impossible_HRAIMOND.pdf (Accessed 10 December 2021).

[9] WIRED, AI Is the Future—But Where Are the Women? [Active], from : https://www.wired.com/story/artificial-intelligence-researchers-gender-imbalance/ (Accessed 10 December 2021).

[10] Accenture, Women in Tech. [Active], from : https://www.accenture.com/us-en/about/corporate-citizenship/tech-culture-reset (Accessed 10 December 2021).

[11] Women In Animation, 50/50 By 2025. [Active], from : https://womeninanimation.org/5050-by-2025/ (Accessed 10 December 2021).

[12] USC Annenberg, Animation accelerates toward inclusion [Active], from : https://annenberg.usc.edu/news/research-and-impact/animation-accelerates-toward-inclusion (Accessed 10 December 2021).

superviseur.euses d'animation, nous pouvons compter 3,7% de femmes. Les femmes semblent donc moins présentes dans les postes créatifs et techniques et plus nombreuses en production avec 46,5% de femmes en tant que productrices VFX. [13]

Pour le cinéma live action, les chiffres démontrent les mêmes problématiques que celles qui sont présentes dans le cinéma d'animation.

Il est important de préciser que, peu importe le domaine, les femmes de couleurs sont encore moins représentées et, en conséquence, encore plus touchées par le manque de visibilité.

À travers ces statistiques, nous pouvons observer que les problèmes sont sensiblement équivalents, quelle que soit l'industrie. Le nombre de femmes est faible dans les professions du digital et de l'animation. Nous pouvons également remarquer un écart important entre le pourcentage de femmes dans les écoles et dans la profession. Après être arrivées dans le milieu professionnel, beaucoup choisissent un autre parcours. Les femmes sont également absentes des postes hauts placés et de direction.

Dans le cadre de ce mémoire, j'ai pu réaliser diverses interviews. Par souci d'anonymat, aucun nom ainsi qu'aucun lieu ne seront cités. Nous pouvons appuyer, par le biais de ces témoignages, l'absence des femmes dans le numérique dès la formation. Selon l'interview 4[14], *En 2016, quand j'ai commencé, on était trois filles sur une classe de 20. (...) Il y a une année, où il n'y en avait pas du tout. Au fur et à mesure qu'on grimpe dans les années du cursus, il y en a de moins en moins. (...) Dans ma formation de développement en jeux vidéo, qui existe depuis au moins 6 ans, j'étais la première femme. (...)*". Comme nous avons pu le voir ci-dessus, la sous-représentation des femmes peut se manifester, après la formation, lorsqu'elles entrent dans le milieu actif. Nous pouvons retrouver ces propos dans l'interview 3[15], *Quand j'étais à l'école, je n'ai pas eu l'impression d'avoir des points négatifs par rapport à tout ça, parce que ma*

---

[13] Cartoon Brew, Report: Women Only Occupy Around A Fifth Of VFX Roles [Active], from : https://www.cartoonbrew.com/artist-rights/report-women-only-occupy-around-a-fifth-of-vfx-roles-210476.html?fbclid=IwAR0EI24RP_PQViPbCJZ7RroUf_iDw6SuN6FP5kkDOvN3oikj5tduvQaHecU (Accessed 10 December 2021).
[14] (Interview 4, annexe 12.3.4, 7 décembre 2021)
[15] (Interview 3, annexe 12.3.3, 2 décembre 2021)

classe était mixte (...) À mon stage, je l'ai peut-être un peu plus ressenti (...) J'ai fait mon stage en compositing. Le groupe de compositing n'avait aucune fille donc, quand je suis arrivée en petite stagiaire toute nouvelle là-bas, je me suis un peu demandée: "Qu'est-ce que je fais là" ? (...) Ça m'a fait bizarre de ressentir ce petit choc entre les deux, cette différence.". Nous pouvons retrouver les mêmes propos dans l'interview 2[16], *"Dès le premier stage, dès que j'ai commencé à vouloir travailler, je ne suis toujours qu'avec des hommes. J'ai déjà travaillé avec des filles qui étaient réalisatrices, scriptes, monteuses. Mais dans la technique, donc des filles derrière l'ordinateur qui font aussi de l'animation, pas pour le moment".* Comme vu précédemment, beaucoup de femmes dans le numérique occupent des fonctions de support. Cette analyse concorde avec le vécu de l'interview 3[17], *"Il y avait une ou deux filles qui faisaient de l'animation, enfin, plus de l'illustration. (...) Mais en compositing et en 3D, il n'y avait aucune fille. Il y avait quatre filles sur toute la boite dont une qui était en gestion et une autre qui était secrétaire."*

---

[16] (Interview 2, annexe 12.3.2, 29 novembre 2021)
[17] (Interview 3, annexe 12.3.3, 2 décembre 2021)

Du métier de l'ombre au métier de prestige

De nos jours, les femmes sont sous-représentées dans le numérique. Pourtant, au début de l'ère du numérique, les femmes étaient bien présentes. Nous pouvons préciser que les femmes ont toujours eu une relation étroite avec les machines. Elles ont en effet occupé des postes tels que télégraphistes ou téléphonistes. Elles ont joué un rôle pionnier dans le développement des technologies.

À l'origine, les premiers "ordinateurs" n'étaient pas des machines, mais des humains. C'était majoritairement des femmes qui exécutaient des calculs mathématiques à la main pour, par exemple, la navigation maritime, l'astronomie, les trajectoires des futures missions spatiales ou encore des trajectoires de missiles pendant la seconde guerre mondiale.

Ces femmes étaient appelées des "calculatrices humaines" et étaient avant tout une main d'œuvre à bas coût. Ce sont les femmes qui ont assisté les ordinateurs modernes dans leurs calculs quand ceux-ci ont émergé. La programmation n'était, au départ, pas perçue comme un élément important et était considérée comme un travail de femme par son côté rapide, répétitif et pas très stimulant. Au début de l'informatique, utiliser un ordinateur rappelait la machine à écrire qui était un outil associé aux femmes. L'informatique n'était pas un métier prestigieux, donc féminisé.

À titre anecdotique, le terme "hardware", faisant écho aux matériaux et aux composants physiques, était rattaché au genre masculin. Les hommes étaient nombreux dans cette branche représentant plus d'avenir et de prestige. D'où l'étymologie "hard". Les femmes étaient quant à elles liées au "soft", qui désigne ici les logiciels (softwares). Aujourd'hui, nous n'arrivons plus à faire cette différence genrée et sexiste. Le software représente désormais un milieu prestigieux et lucratif.

C'est donc naturellement, que l'on a donné aux femmes la responsabilité des nouveaux ordinateurs modernes. "De 1972 à 1985, l'informatique était la deuxième filière comportant le plus de femmes ingénieurs au sein des formations techniques."[18] Dans les années 80, 50% des étudiant.e.s dans les grandes écoles d'informatique américaines ou françaises étaient des femmes. [19]

Leur nombre a drastiquement diminué avec l'émergence des ordinateurs personnels en 1981 et des premiers logiciels. Durant les années qui ont suivi, nombre de publicités ont montré majoritairement des hommes utiliser les ordinateurs, qui ont avant tout été présentés comme un outil d'émancipation masculine. Les garçons et les hommes ont donc été les premiers équipés d'ordinateurs.

Au cours des années, des experts en informatique masculins ont transformé la programmation perçue comme routinière en une profession prestigieuse et lucrative. Les femmes ont alors transmis aux hommes leurs connaissances, ceux-ci sont devenus leurs patrons et petit à petit, les femmes ont été exclues d'un domaine auquel elles avaient pourtant majoritairement contribué.

Plus la programmation devenait complexe et respectée, plus elle attirait les hommes qui transformaient petit à petit la profession avec différentes exigences éducatives et professionnelles. Les programmeuses souvent autodidactes sont remplacées par de nouveaux diplômés venant des écoles informatiques. À partir du moment où l'informatique est devenue synonyme de prestige, de pouvoir et de salaires élevés, celle-ci est devenue un attribut masculin.

Nous retrouvons le même schéma dans l'animation. Les femmes étaient envoyées dans les postes de peinture et d'encrage qui étaient vus comme des travaux simples mais fastidieux, où les femmes seraient meilleures et plus appliquées dans les détails. Très peu de femmes vont accéder à l'animation, considérée comme une branche prestigieuse.

---

[18] Cairn Info, Les informaticiennes : de la dominance de classe aux discriminations de sexe ? [Active], from : https://www.cairn.info/revue-nouvelles-questions-feministes-2010-2-page-100.htm   (Accessed   10   December 2021).
[19] Cairn Info, La disparition des filles dans les études d'informatique : les conséquences d'un changement de représentation [Active], from : https://www.cairn.info/revue-carrefours-de-l-education-2004-1-page-42.htm (Accessed 10 December 2021).

Nous pouvons en apprendre plus par le biais de l'interview 5[20] : "*Il faut savoir que, à l'époque, dans l'histoire de l'animation, (...) on disait que les femmes, pour les grandes productions, avaient les mains plus fines et qu'elles pouvaient mieux colorier. L'animation était donc réservée aux hommes. Elles ne pouvaient pas animer. Elles faisaient le traçage et le coloriage. Il y avait des qualités, soit-disant féminines, qui disaient qu'elles étaient plus précises dans le cleanage des lignes.*"

Par la suite, ce domaine s'est numérisé. Par son côté technologique, donc masculin, il devient à nouveau une affaire d'hommes. Nous retrouvons donc les mêmes inégalités dans le graphisme, l'animation, ou encore dans l'informatique.

---

[20] (Interview 5, annexe 12.3.5, 30 novembre 2021)

Un manque de mérite et de reconnaissance pour les femmes

Que ce soit dans l'art, le cinéma, le graphisme, l'informatique ou l'animation, nous ne connaissons pratiquement rien des femmes. On retrouve très peu de traces d'artistes femmes et de grandes pionnières dans les livres d'histoire. Il est assez dramatique de constater que les femmes incroyables que l'histoire a connues ont tendance à être totalement négligées. Qui sait par exemple que Margaret Hamilton était l'informaticienne en chef du programme Apollo à l'origine des premiers pas sur la lune ?

(**fig.1**: "Margaret Hamilton", Nasa (1969))[21]

---

[21] **fig.1**: Illustration tirée du site consulté le 16 décembre 2021 :
https://www.xlsemanal.com/conocer/ciencia/20160915/margaret-hamilton-apolo-11-luna.html

L'histoire de l'art est principalement construite par des hommes ce qui a pour conséquence une vision baisée et genrée. On a souvent minimisé les femmes artistes au profit des artistes masculins. Par exemple, il a fallu attendre 2010, pour que l'on apprenne que les peintures des cavernes, longtemps considérées comme des œuvres masculines, étaient en réalité très souvent dessinées par des femmes. Les femmes ont toujours été présentes dans les processus de création mais on a tout simplement ignoré leur apport ainsi que leur histoire. On laisse aux femmes la place que l'on veut bien leur laisser et dont on veut bien se souvenir, que ce soit dans les sciences, les techniques, l'art et l'histoire en général. On les considère moins aptes à porter des actes révolutionnaires.

Nous pouvons appuyer ces dires par le témoignage présent dans l'interview 2[22], "*Alice Guy (...) j'ai fais deux écoles de cinéma, à quel moment personne ne m'a parlé d'elle encore. C'est pas possible ! Ça fait 400 heures d'histoire du cinéma en terme de cours et pas une seule fois on m'a parlé d'elle, c'est honteux!*" Nous retrouvons sensiblement les mêmes paroles à travers l'interview 6[23] : "*Il y a peu de modèles féminins dans le numérique dont le nom est aussi connu que celui des hommes dans ce domaine. Elles ne possèdent pas le même statut de référence.*"

Au début de l'informatique, la programmation n'était pas un métier de prestige. Elle était considérée comme laborieuse et répétitive. Les femmes étaient mal payées. Les femmes faisant un métier considéré comme un travail d'esclave, on ne voyait pas l'intérêt de les créditer car, pour certains, ces tâches pouvaient être réalisées par n'importe qui et ne demandaient pas de compétences spécifiques. Malgré ces stéréotypes, beaucoup d'hommes se sont accaparé le travail de femmes sans les créditer.

À l'observatoire de Harvard, en 1875, plusieurs femmes seront recrutées pour traiter des données astronomiques et analyser des plaques photographiques. Elles seront sous l'autorité de Edward Charles Pickering. Pickering sera le seul crédité, les femmes étant jugées inaptes à la réalisation d'un travail d'une telle envergure. Dans l'industrie de l'animation, c'est seulement en 1942, que Retta Scoot devient la première femme à être créditée dans un film de Walt

---

[22] (Interview 2, annexe 12.3.2, 29 novembre 2021)
[23] (Interview 6, annexe 12.3.6, 12 décembre 2021)

Disney.[24] Il était également très courant que les femmes fassent usage d'une version masculine de leur nom ou restent anonymes. Nous pouvons citer Virginia Woolf, une autrice anglaise: «Le plus souvent dans l'histoire, "anonyme" était une femme.» Aussi, beaucoup de femmes sont reléguées au statut d'assistante de leur mari ou de muse. Selon Claudia Wagner, une professeure en Computing Science, on décrit différement une femme, par rapport à un homme, sur Wikipédia. Les femmes ont tendance à être reliées à des hommes. Les relations amoureuses ainsi que la vie de famille des femmes sont également davantage mises en avant.

Selon une étude par Le Centre Hubertine Auclert[25], les manuels scolaires ne contiennent que 3,2 % de personnages féminins célèbres. On peut noter que ce sont souvent les mêmes femmes qui reviennent de manière récurrente (Marie Skłodowska Curie par exemple). Sur Wikipédia, la plus grande encyclopédie en ligne, nous pouvons compter seulement 16% de biographies sur des femmes.[26]

Les femmes reçoivent très peu de reconnaissance pour leur travail. Seules trois femmes ont reçu le prix Nobel d'informatique et une seule a reçu une médaille Fields. On fait peu confiance aux femmes, ce qui peut se traduire par un fond financier et des aides plus faibles. Une femme qui échoue sera souvent jugée plus durement. En oubliant et en malmenant la mémoire de ces femmes, ainsi qu'en sous-représentant les femmes encore présentes, nous appauvrissons notre culture et sa diversité.

---

[24] The Walt Disney Family Museum, Disney Artists, Holiday Wishes: Highlighting Retta Scott. [Active], from : https://www.waltdisney.org/blog/disney-artists-holiday-wishes-highlighting-retta-scott (Accessed 10 December 2021).

[25] Centre Hubertine Auclert, Egalité femmes- hommes dans les manuels de mathématiques [Active], from : http://pedagogie.ac-limoges.fr/maths/IMG/pdf/cha-etude-manuels-math-web_1.pdf (Accessed 10 December 2021).

[26] Numerama, Sur Wikipedia, les sans pagEs rédigent des biographies de femmes. [Active], from : https://www.numerama.com/tech/331123-sur-wikipedia-les-sans-pages-redigent-des-biographies-de-femmes.htm l (Accessed 10 December 2021).

Les personnalités féminines qui ont fait l'histoire du numérique

Nous connaissons tous ces noms célèbres tels que Walt Disney, Tim Burton, Hayao Miyazaki. Ce sont tous des animateurs de talent reconnus dans le monde entier. Dans le milieu de l'informatique, nous n'avons plus à citer Bill Gates, Alain Turing ou Steve Jobs. L'exercice est plus compliqué une fois que nous voulons citer des modèles féminins dans ces différents domaines. Nos livres d'histoire sont remplis d'hommes admirés et reconnus et sont très pauvres en figures féminines. Pourtant, beaucoup de femmes ont eu des rôles décisifs et ont constitué un apport majeur à l'évolution de leur art. Ci-dessous, nous allons retracer l'histoire de différentes femmes marquantes dans le numérique et l'animation. En précisant, que le caractère technique présent autant dans l'animation que le numérique fait naître, dans les deux domaines, un même problème de sexisme. Nous allons également voir pourquoi ces femmes sont victimes de sous-représentation. Je tiens à préciser qu'un manque d'informations publiques nous empêche de pouvoir retracer leurs biographies et leurs apports de façon complète et précise. Cependant, omettre de les citer dans le cadre de ce mémoire reviendrait à continuer de les effacer entièrement de l'histoire.

Ada Lovelace (1843)

La comtesse Ada Lovelace est décrite comme une pionnière de la programmation informatique. Elle voit dans la machine analytique de Babbage, un ancêtre de l'ordinateur, une possibilité de programmer celle-ci pour suivre des instructions mais elle voit également la machine comme un outil de création. Elle va inventer les notions de variables et de boucles de programmation. On peut considérer Ada Lovelace comme le premier programmeur du monde. Elle va dissimuler son identité, comme beaucoup de femmes de l'époque en signant ses travaux par les initiales A. A. L. Après sa mort, ses travaux ainsi qu'elle-même tombent dans l'oubli pendant un siècle. Elle sera identifiée comme une possible maîtresse de Babbage, un mathématicien précurseur de l'informatique avec qui elle aura une relation amicale profonde. L'idée qu'une femme soit à l'origine même de la programmation n'est pas perçu comme crédible. Ada est alors reléguée au rôle d'assistante dans les calculs de Babbage.

Lotte Reiniger (1926)

Lotte Reiniger est une pionnière des films d'animation. Elle est la réalisatrice de l'un des premiers longs métrages d'animation intitulé "Les Aventures du prince Ahmed". Ce film est réalisé en papier découpé et est le film d'animation le plus ancien que nous ayons conservé. Lotte Reiniger, la première femme animatrice et réalisatrice, a inspiré Walt Disney lui-même.

(**fig.2**: "Les Aventures du prince Ahmed", Lotte Reiniger (1926))[27]

En avance sur les studios Disney, elle inventait déjà des histoires de contes de fées. En 1953, elle fonde sa propre société: "Primrose Productions".

Lilian Friedman (1933)

Lilian Friedman a été la première animatrice de studio dans les années 30. Son premier travail d'animation était le dessin animé "Popeye" mais elle n'a pas été créditée. Elle n'a été créditée que pour six de ses dessins animés. Elle a animé pour des films tels que "Betty Boop" ou "Hunky et Spunky". En 1937, les animateurs du studio Fleischer se sont mis en grève. Les femmes ne pouvant pas quitter leur travail aussi facilement, Lilian a continué à travailler. Elle a été longuement harcelée à cause de son choix. Suite à cela, elle a décidé de quitter l'animation.

---

[27] **fig.2**: Illustration tirée du site consulté le 02 décembre 2021 : https://letterboxd.com/film/the-adventures-of-prince-achmed/

Bianca Majolie est la première artiste féminine embauchée par Disney. Elle gagnait 18$ par semaine contre 75$ pour ses collègues masculins. Ses idées ont souvent été ridiculisées au sein du studio et par Walt Disney lui-même. Pourtant, celles-ci ont permis la création de personnages tels que "Dumbo", "Bambi" et "La Petite Sirène". Elle a été licenciée et remplacée sans ménagement dans les années 40.

Milicent Patrick (1939)

Milicent Patrick est une femme américaine aux multiples talents : actrice, maquilleuse, mannequin, spécialiste des effets spéciaux et animatrice. Elle commence à travailler pour les studios Disney en 1939. Elle va intégrer le département exclusivement féminin d'encrage et de peinture. Elle va travailler pour des chef-d'œuvres tels que "Bambi", "Fantasia" ou "Dumbo". En 1941, une grève éclate concernant les droits salariaux des animateur.trices au sein du studio.

(**fig.3**: *"Milicent Patrick dans le Universal monster shop"*, Family Collection)[28]

---

[28] **fig.3**: Illustration tirée du site consulté le 13 décembre 2021
:https://www.latimes.com/books/la-ca-jc-lady-from-the-black-lagoon-review-20190301-story.html

Elle n'y participera pas (les femmes de l'époque ne pouvant se le permettre) mais elle fera partie des nombreux licenciements. Suite à cela, elle va se réorienter vers la confection de monstres pour le cinéma. Elle fera partie de l'équipe Westmore où elle œuvrera pour les films "Météore de la nuit" ou "Les survivants de l'infini". Son travail le plus connu est celui réalisé pour le monstre "Gill-Man" dans le film "L'étrange créature du lac noir". Malgré ses prouesses techniques en termes de peinture pour cette créature, Westman sera jaloux de la popularité naissante de Milicent auprès d'Universal. Il va, lui aussi, la licencier et l'exclure des crédits.

Hedy Lamarr (1941)

Hedy Lamarr est souvent uniquement connue pour ses talents d'actrice. Cependant, Hedy était également très douée pour les inventions et la science. En effet, en compagnie du compositeur George Antheil, ils déposent, en 1941, un brevet de "saut de fréquence". Il s'agit d'une technique de sécurisation des télécommunications sans fil qui empêche les torpilles de se faire détecter. Aujourd'hui, cette invention est encore utilisée pour le Wi-fi et le Bluetooth, mais également pour des projets militaires.

Hedy sera jugée "plus belle femme du monde" mais subira beaucoup de discriminations à cause de son genre ou de son physique. Sa beauté semait le doute sur ses capacités scientifiques. Au point de remettre en cause son implication sur sa propre invention. Robert Price, historien renommé, n'a pas cru Hedy capable de ce travail. Quand il écrit l'histoire des communications secrètes, il omet volontairement de dire que Hedy Lamarr est l'inventrice de ce procédé.

Eniac Girls (1945)

L'ENIAC était le premier ordinateur entièrement électronique et programmable. Pour faire fonctionner et programmer ce monstre de 25 mètres de long et de 30 tonnes. On a engagé six femmes: Kathleen McNulty, Frances Bilas, Betty Jean Jennings, Elizabeth Snyder Holberton, Ruth Lichterman et Marlyn Wescoff. Elles seront nommées les ENIAC girls. Elles vont inventer des techniques de programmation et de réparation.

(**fig.4**: "*Jean Jennings (left), Marlyn Wescoff (center), and Ruth Lichterma*", andrewchen (1946)[29]

Lorsque le public et la presse découvrent l'existence de l'ENIAC, les ENIAC girls restent dans l'ombre et sont considérées comme du personnel subalterne.

Mary Blair (1950)

Mary Blair a débuté dans les années 40 chez Disney en tant qu'artiste conceptuel. Son talent a

(**fig.5**: "Alice in Wonderland", Mary Blair (2017)) (**fig.6**: "It's a Small World", Mary Blair (1964), concept art)[30]

---

[29]**fig.4**: Illustration tirée du site consulté le 02 décembre 2021 :
https://andrewchen.com/photos-of-the-women-who-programmed-the-eniac-wrote-the-code-for-apollo-11-and-de signed-the-mac/
[30] Illustrations tirées des sites consultés le 02 décembre 2021 :

été mis à contribution pour des classiques de chez Disney tels que "Alice au pays des merveilles", "Peter Pan" ou "Cendrillon". Elle est réputée pour son exécution des couleurs. On peut retrouver son style graphique dans le parc d'attractions Disney dans l'attraction "It's A Small World". Elle a également sauvé les studios Walt Disney, au bord de la faillite dans les années 50, avec le chef d'œuvre qu'est "Cendrillon". Malgré son implication historique au sein des studios Disney, on la réduit souvent au titre de la femme de Lee Blair.

Grace Hopper (1952)

Grace Hopper va travailler pour IBM sur la programmation du "Mark". Elle est l'inventrice du compilateur et sera la première personne à avoir le titre de senior programmer. Pour elle, la programmation doit être compréhensible par tous y compris les non-mathématicien.nes. Elle évoque l'idée qu'un langage de programmation puisse être écrit en anglais, ce qui donne lieu à beaucoup de scepticisme. Elle reçoit le prix de l'homme de l'année (!). On doit également attribuer à Grace Hopper la notion de "bug" informatique.

Kazuko Nakamura (1956)

Kazuko Nakamura est considérée comme la première animatrice japonaise et une mère pour l'anime moderne. Elle a commencé à travailler chez Toei Doga en 1956 puis pour Mushi Pro en 1960. Elle est devenue la première femme à occuper le poste de directrice d'animation. Kazuko prend soin d'éviter le problème trop fréquent de la sexualisation des personnages féminins.

Reiko Okuyama (1957)

Reiko Okuyama est une animatrice japonaise et a travaillé pour Toei Doga en 1957. Elle est connue pour avoir travaillé sur des films tels que "Le Tombeau des lucioles" ou "Le Chat Botté". Après avoir accouché, elle a tenu à montrer qu'il était possible de concilier sa carrière et sa vie de famille.

---

fig.5:https://www.wikiart.org/en/mary-blair/alice-in-wonderland-1
fig.6:https://www.illustrationhistory.org/illustrations/disneys-its-a-small-world-building-design-concept-art

Stephanie Steve Shirley (1962)

Stephanie Steve Shirley va créer sa propre entreprise technologique en employant uniquement des femmes qui se sont retirées du marché du travail suite à leur mariage et leur vie de famille. Une entreprise pour des femmes par des femmes qui est compatible avec la garde des enfants et du foyer grâce à des heures flexibles et la possibilité de travailler à la maison. Les femmes peuvent ainsi se réintégrer dans le monde du travail.

En se lançant dans l'entrepreneuriat, Stephanie a d'abord utilisé son nom féminin. Voyant qu'elle ne recevait que très peu de réponses et que cela la freinait dans l'ascension de son entreprise, elle utilisa le surnom de Steve.

Rocket Girls (1962)

Nous pouvons citer sans mal le premier homme qui a marché sur la lune. Pourtant, peu savent que ce sont également des femmes qui ont permis cet exploit. Les Rocket Girls étaient des femmes de couleur qui occupaient le poste de "calculatrices humaines". Elles exécutaient, à la main, les différents calculs concernant les trajectoires orbitales des fusées pour la NASA. Katherine Johnson, Dorothy Vaughan et Mary Jackson étaient ces trois mathématiciennes africaines en pleine époque de ségrégation.

Encore aujourd'hui, les femmes de couleur souffrent d'une sous-représentation et subissent également des injustices raciales.

Vera Molnar (1968)

Vera Molnar est une peintre française. Son travail se base sur des formes géométriques. Elle va utiliser l'informatique dans son travail artistique. Elle va réaliser ses œuvres en leur appliquant

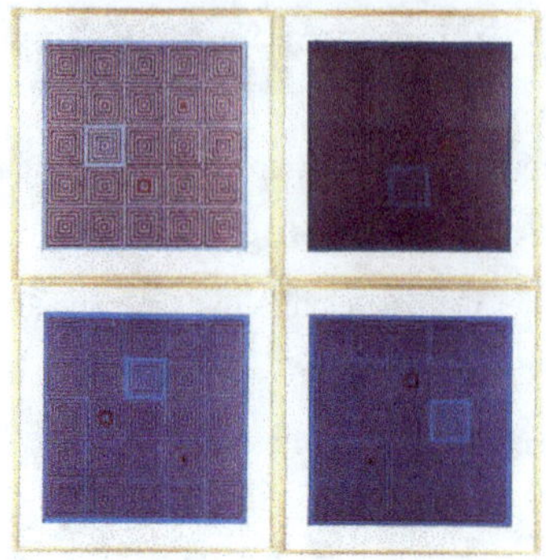

(fig.7: “1% de désordre bleu et rouge”, Vera Molnar (1974-1978))[31]

un algorithme qui va lui permettre de créer différents motifs, lignes et harmonies. Elle va ainsi être une pionnière dans l'art algorithmique et dans la création sur ordinateur.

Karen Sparck Jones (1972)

Karen Sparck Jones est une pionnière dans la recherche concernant l'intelligence artificielle. Son travail a notamment contribué à la plupart des moteurs de recherches, tels que Google. Son slogan : “L'informatique est trop importante pour être laissée aux hommes”. Son apport plus qu'important dans ces outils que nous utilisons maintenant tous les jours a été oublié au fil de l'histoire.

Carol Shaw (1978)

Carol Shaw est considérée comme la première femme développeuse et designeuse de jeux vidéo. Elle est à l'origine de “3D Tic Tac Toe” pour l'Atari 2600. Carol raconte que, lors de ses études en sciences et en informatique, les filles étaient rares. Lorsqu'elle a commencé à

---

[31] fig.7: Illustration tirée du site consulté le 02 décembre 2021 :
https://awarewomenartists.com/artiste/vera-molnar/

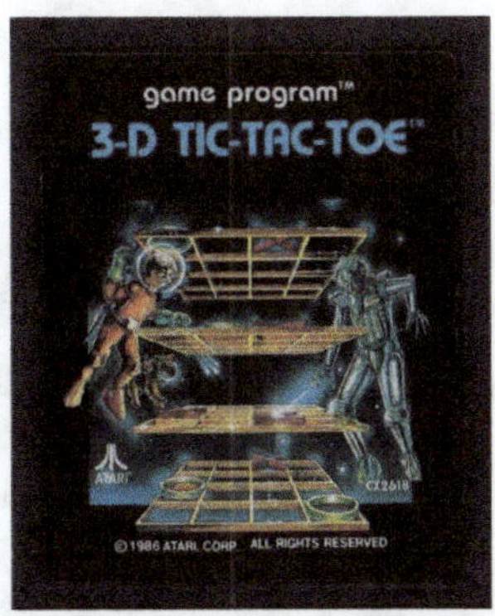

(**fig.8**: "*3D Tic-Tac-Toe*", Atari (1980))[32]

travailler pour Atari, elle ne connaissait pas d'autres femmes travaillant dans la création de jeux vidéo.

Roberta Williams (1980)

Lorsque Roberta Williams découvre l'ordinateur ainsi que le jeu "Colossal Cave Adventure", elle découvre vite que le micro-ordinateur est un outil avec énormément de potentiel pour raconter des histoires interactives. Elle sera game designer du célébrissime jeu "King's Quest". Elle va alors avoir une renommée pour son talent d'auteure et de game designer pour les jeux d'aventure graphiques comme "Phantasmagoria" ou "Mystery House". Elle a cofondé la compagnie de jeux vidéo "Sierra Online". Contrairement à d'autres entreprises de jeux vidéo de l'époque, Sierra comptait une grande proportion de femmes dans leurs programmeur.euses. Nous pouvons citer Jane Jensen, Christy Marx, Lorelei Shannon et Lori Ann Cole. Roberta écrivait également des histoires mettant en scène des personnages féminins très éloignées des représentations hyper sexualisées présentes dans la plupart des jeux. Cela lui a permis de compter jusqu'à 40% de femmes dans son public, fait rarissime à l'époque.

---

[32] **fig.8**: Illustration tirée du site consulté le 02 décembre 2021 : https://www.gamerwomen.com/first-female-game-developer/3d-tic-tac-toe-carol-shaw-first-female-game-develo per/

Dona Bailey a également travaillé chez Atari en tant que développeuse de jeux vidéo. Elle était chez Atari en même temps que Carol Shaw mais elles ne se sont jamais rencontrées. Elle a réalisé avec Ed Logg le jeu "Centipede". Elle raconte que, suite à la sortie de celui-ci, elle a rencontré beaucoup de scepticisme quant à son implication dans la création du jeu. Elle a quitté l'industrie au bout de deux ans.

(**fig.9**: "*Méwilo*", Amstrad (1987))[33]

Muriel est la première femme noire à avoir développé des jeux vidéo. Cette martiniquaise aborde des sujets peu abordés comme l'esclavage ou l'érotisme. Elle a élaboré des jeux comme "Méwilo", un "point and click" où l'aventure se déroule en Martinique. Elle a également développé le célèbre jeu éducatif "Adibou". En 2018, elle reçoit la légion d'honneur. Muriel a plaidé pour les femmes et les personnes de couleur travaillant dans le domaine de la technologie et des sciences. Lors d'une interview pour le Guardian, elle explique que les femmes représentent la moitié des utilisateur.trices du numérique. Il est donc normal que les concepteur.trices, technicien.nes et ingénieur.es représentent aussi 50% de femmes.

---

[33] **fig.9**: Illustration tirée du site consulté le 02 décembre 2021 : https://jeux.dokokade.net/2016/02/09/mewilo-amstrad-1987/

Jaime Levy est une avant-gardiste dans la conception Web. Elle a très vite l'intuition que les magazines vont passer au digital. Elle conçoit alors des disquettes qui renferment des magazines "point and click" contenant de la musique, des quiz et des jeux qu'elle programme elle-même.

(**fig.10**: "*Cyber Rag*", Frank Miles (1992))[34]

Elle a créé ce qui ressemblait en tout point à des sites web, alors que ceux-ci n'existaient pas encore.

Olia Lialina (1996)

Olia Lialina est une pionnière du net art. Dès l'an 2000, elle remarque que beaucoup de sites web commencent à disparaître, notamment des pages web amateurs. Elle a donc

---

[34] **fig.10**: Illustration tirée du site consulté le 02 décembre 2021 :
https://eyeondesign.aiga.org/multimedia-artist-jaime-levy-was-at-the-forefront-of-web-design-before-websites-even-existed/

(**fig.11**: "*Summer*", Olia Lialina (2013))[35]

commencé à les sauvegarder et à réaliser des œuvres avec le souci de ne pas les voir tomber dans l'oubli. Pour elle, le web n'est pas seulement l'affaire des grandes entreprises. L'utilisateur.rice lambda a également un pouvoir de création. Olia est une figure importante du folklore numérique. Son œuvre la plus connue reste "My Boyfriend Came Back from War". Il s'agit d'une histoire interactive qui s'approprie le navigateur, les hyperliens et les balises HTML. Pour Olia, le web est un support de création et de narration disponible pour tous.

Nathalie Magnan (1996)

Nathalie Magnan est une pionnière du cyberféminisme. Elle va traduire en français "A Cyborg Manifesto" qui est un écrit féministe rédigé par Donna Haraway. Celui-ci aborde une critique sur la définition binaire et les limites du genre traditionnel. Il va permettre de mettre en lumière la relation entre le genre et la technologie.

Fei Fei Li (2007)

Fei Fei Li est une chercheuse en intelligence artificielle. Elle a développé "Image Net", une base de données d'images qui est primordiale dans l'évolution des logiciels de reconnaissances

---

[35] **fig.11**: Illustration tirée du site consulté le 02 décembre 2021 : https://theinfluencers.org/olia-lialina

d'images. Fei Fei Li s'inquiète également du manque de femmes et de diversité dans l'IA qui entraînerait du sexisme et du racisme. En 2017, elle va fonder "AI4ALL" qui est l'abréviation d'intelligence artificielle pour tous. Une organisation qui vise à augmenter la diversité et l'inclusion dans l'IA.

Anna Anthropy est une développeuse de jeux vidéo et une activiste dans la cause transgenre. En 2012, elle sort le jeu autobiographique "Dys4ia" traitant de la prise d'hormones. Elle critique

(**fig.12**: "*Dys4ia*", Anna Anthropy (2012))[36]

les stéréotypes présents dans les jeux vidéo et le manque d'inclusivité et de représentation des minorités.

Jennifer Lee (2018)

Jennifer Lee a commencé comme scénariste pour le film "Le Monde de Ralph". En entrant dans le cinéma, elle prend soin du pourcentage et de l'écriture des personnages féminins. Suite à cette

---

[36] **fig.12**: Illustration tirée du site consulté le 02 décembre 2021 :
http://www.thegaygamer.com/2012_03_11_archive.html

expérience, elle scénarise et réalise le film d'animation "Frozen". Ce véritable succès au box-office fait d'elle la première réalisatrice d'un film d'animation Disney. En 2018, elle devient la directrice artistique de Walt Disney Animation. À ce poste, elle veut prôner la diversité au sein du studio. Elle observe que les femmes osent davantage exprimer leurs idées et postulent davantage à des postes traditionnellement perçus comme masculins.

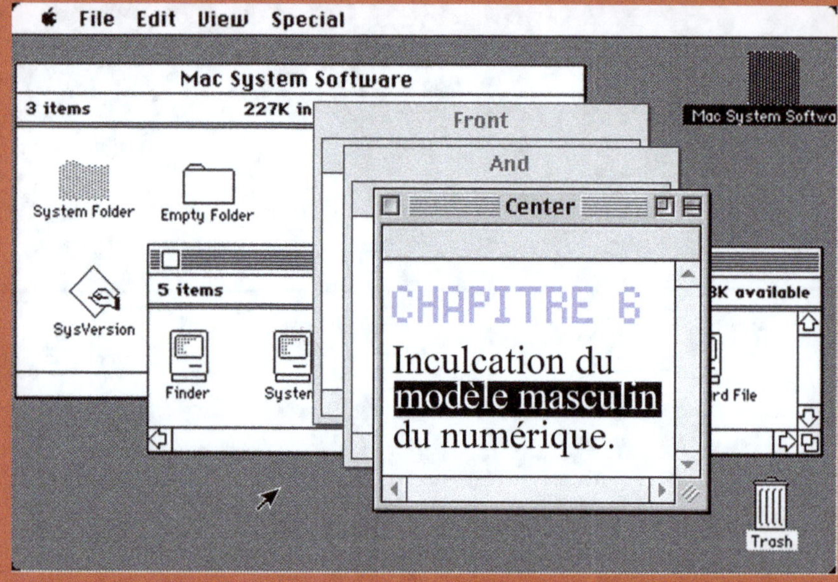
File Edit View Special
Mac System Software
3 items   227K in
Mac System Softwa
System Folder   Empty Folder
SysVersion
5 items
Finder   System
Front
And
Center
CHAPITRE 6
Inculcation du
modèle masculin
du numérique.
3K available
rd File
Trash

6.
Inculcation du
modèle masculin du numérique

Le renforcement de la masculinisation par les médias

Alors qu'au début de l'informatique, les femmes étaient présentes en majorité et ont été pionnières dans le développement de ce secteur, nous pouvons constater une chute libre du pourcentage de femmes dans le numérique dès les années 80. Ce moment charnière concorde avec l'avènement du micro-ordinateur qui sera, avant tout, décrit comme un outil d'émancipation pour les hommes, par la publicité notamment. Cet évènement, ainsi que le cinéma, feront naître une toute nouvelle culture : la culture "geek" et les stéréotypes qui lui sont propres.

L'avènement du micro-ordinateur et la publicité

À la fin des années 70, nous pouvons assister à la naissance des premiers micro-ordinateurs. Ceux-ci vont se démocratiser avec le lancement de l'Apple II et être perçus comme des "ordinateurs pour tous". Pourtant, lorsque nous regardons de plus près les publicités de l'époque pour les différents micro-ordinateurs, nous pouvons constater que le public ciblé reste avant tout les hommes et les garçons.

Nous sommes souvent face à des publicités qui nous montrent un fils et son père utilisant un micro-ordinateur alors que la mère de famille s'affaire en cuisine. Ces différentes publicités vont faire naître dans les esprits que l'ordinateur est un outil pour les hommes. Les garçons vont donc être les premiers équipés d'ordinateurs. Ceux-ci sont liés aux mathématiques, à la logique et à la technique, et donc, très loin de l'environnement inculqué aux petites filles.

(**fig.13**: "*Introducing Apple II*", Apple (1977))[37]

Alors que dans les années 50, l'informatique n'étant pas encore considérée comme un domaine important, on représentait énormément de femmes aux commandes d'ordinateurs. Lorsque le numérique a gagné en prestige, les femmes se sont vues attribuer un rôle décoratif pour présenter les différentes machines dans les différentes publicités.

La masculinisation du numérique par les jeux vidéos

Les stéréotypes de genre touchent également le domaine des jeux vidéo. Suite à l'apparition des micro-ordinateurs, le jeu vidéo va commencer à se développer, en ciblant majoritairement les hommes et les garçons. Le public est essentiellement masculin car, étant déjà mis en avant comme les principaux bénéficiaires des micro-ordinateurs, ils ont, davantage que les femmes, accès aux ordinateurs pour, notamment, concevoir et coder des jeux.

Ils sont tout de suite familiarisés avec les jeux vidéo, contrairement aux filles, qui ont pour leur part été écartées du secteur informatique dès l'arrivée du micro-ordinateur. Lors du krach du jeu vidéo dans les années 80, les éditeurs de jeux vidéo vont changer leurs stratégies de vente afin de cibler davantage le public masculin en usant de stéréotypes sexistes tels que l'hypersexualisation de la femme. Dans le jeu "Metroid", nous contrôlons une chasseuse de primes nommée Samus Aran. Plus nous obtenons un score élevé, plus l'héroïne est dévêtue de son armure. Nous pouvons également citer la "GameBoy" qui, comme son nom l'indique, cible

---

[37] **fig.13**: Illustration tirée du site consulté le 02 décembre 2021 : https://www.vivelapub.fr/apple-40-ans-40-pubs/

les garçons. Encore aujourd'hui, les jeux vidéo sont perçus comme un domaine masculin, or que, selon une étude du Centre national du cinéma et de l'image animée (CNC), 46,9% des joueur.euses sont des femmes.[38] La femme reste mal représentée dans les jeux vidéo. Ceux-ci contiennent encore beaucoup de stéréotypes sexistes et manquent de diversité. Les jeux vidéo représentent une passerelle pour les différents domaines du numérique.

Certaines femmes peuvent rater celle-ci, à cause des biais sexistes présents dans certains jeux vidéo l'empêchant alors de se projeter et de s'identifier dans un milieu souvent composé de groupes de joueurs qui s'apparentent à des "boys clubs".

Le sexisme dans la culture geek

Le micro-ordinateur va non seulement créer des groupes de joueurs de jeux vidéo essentiellement masculins mais va également donner naissance à l'image du "hacker" ou du "geek". Cela va engendrer une nouvelle culture : "la culture geek". Cette culture étant liée à l'informatique, secteur déjà largement masculinisé, va faire apparaître une figure stéréotypée des informaticien.ennes qui vont être défini.e.s comme étant "geek".

Le "geek" est représenté dans l'imaginaire collectif par un jeune homme souvent laid et blanc, peu à l'aise avec les femmes, qui va privilégier la technique aux liens sociaux, à

DON'T BE PREY!

LEARN THE DIFFERENCE!
IT COULD SAVE YOUR LIFE!

(fig.14: "Fake Geek Girl meme", (2012))[39]

---

[38] CNC, Les pratiques de consommation de jeux vidéo des Français. [Active], from : https://www.cnc.fr/jeu-video/etudes-et-rapports/etudes-prospectives/les-pratiques-de-consommation-de-jeux-vid eo-des-francais_304289 (Accessed 10 December 2021).

[39] **fig.14**: Illustration tirée du site consulté le 3 décembre 2021 : https://www.theatlantic.com/sexes/archive/2013/01/fake-geek-girls-paranoia-is-about-male-insecurity-not-female_-duplicity/267402/

l'inverse des stéréotypes féminins. La "culture geek" est fondée sur des stéréotypes de genre. Les biais sexistes concernant les femmes dans le numérique sont tellement ancrés que, pour certaines personnes, il n'est pas possible qu'une femme s'intéresse réellement à l'informatique ou aux jeux vidéo sans qu'il y ait un intérêt caché. Le terme "fake geek girl" est un terme péjoratif qui accuse les femmes, ayant un intérêt pour le numérique, de vouloir uniquement attirer l'attention des hommes. La "culture geek" étant liée à la masculinité, certains hommes se sentent attaqués dans leur virilité lorsqu'une femme s'intéresse à ce milieu.

La "culture geek" donne également naissance à la "culture troll". Un "troll" va créer artificiellement une controverse dans le but de créer de la polémique. Cela peut s'accompagner d'un effet de meute qui peut se transformer en harcèlement. La "culture troll" est souvent pointée du doigt et accusée de propager un humour sexiste.

L'archétype du hacker au cinéma

Un "hacker" ou "geek" est une personne passionnée par la programmation et les systèmes de réseau. Cet archétype du "hacker" peu charismatique et peu à l'aise avec les femmes va être glorifié et popularisé à travers le cinéma. Nous pouvons citer des films tels que "Hackers", "Weird Science", "The Revenge of the Nerd" ou "War Games". Ces films décrivent un homme extrêmement doué avec les ordinateurs, une capacité qui lui donne du pouvoir face à ses adversaires. L'image du "hacker" va être très valorisée car il obtient un statut honorifique en maîtrisant l'ordinateur qui a une connotation de pouvoir.

Le problème des modèles éducationnels genrés

Construction des représentations sociales dès l'enfance

Pour comprendre la sous-représentation des femmes dans le numérique, il faut remonter à notre enfance. Dès notre naissance, nous apprenons à différencier les différents genres et à adopter les normes liées à celui-ci. Les attentes en fonction du genre vont façonner notre personnalité ainsi que nos choix. Des modèles éducationnels basés sur des stéréotypes vont conditionner les filles et les garçons, et les enfermer dans des rôles bien spécifiques qui les empêchent d'avoir les mêmes libertés.

Dans le livre "La Vie en rose : pour en découdre avec les stéréotypes" de Brigitte Grésy[40] résumé en vidéo par Marie-Anne Magnac [41], on peut apprendre qu'il y a plusieurs niveaux de conditionnement. Le premier se situe au niveau de la motricité. Alors qu'on indique aux garçons de se dépenser, on va demander aux petites filles de rester calme. Ensuite, nous avons les émotions, les garçons doivent les restreindre tandis que les filles ont le droit de les exprimer. Au niveau du sport, les garçons sont orientés vers des sports d'équipe tandis que les filles vont pratiquer des sports individuels. Au niveau des vêtements, les filles porteront des vêtements contraignants, tels que des robes ou des jupes, ce qui les amène déjà à un rôle prédéfini de séduction. Côté littérature, les personnages sont plus universels dans les livres pour garçons. Les livres destinés aux filles auront des héroïnes telles que des princesses qui, à nouveau, les emmènent dans un rôle de séduction. Enfin, les jouets pour les garçons sont des jeux de construction, souvent en lien avec les mathématiques, les sciences ou la technologie. Les filles jouent avec des poupons ou une cuisine qui les conditionnent à la vie de femme au foyer. Tout cela va avoir un impact sur les intérêts de l'enfant qui va se répercuter dans ses choix futurs, notamment ceux de sa carrière.

---

[40] GRESY Brigitte, La vie en rose. Pour en découdre avec les stéréotypes, Albin Michel, 2014, 248 p.
[41] Les femmes, le numérique et l'éducation, *"Les femmes, le numérique et l'éducation / Facebook Live"*, IONISx, 05 décembre 2021, de 0'00 à 18'50 URL :
https://www.youtube.com/watch?v=kpI_8S1jf94&ab_channel=IONISx

Le rôle des parents mais également celui de l'école sont donc très importants. Si ceux-ci sont plus traditionalistes et adoptent des attitudes différentes vis-à-vis des filles et des garçons, cela va transmettre des inégalités et des stéréotypes. Certains parents vont orienter les choix de leurs enfants dans des connaissances et des stéréotypes qui leur ont eux-mêmes été inculqués. Beaucoup de manuels scolaires sont encore rétrogrades et délivrent encore des clichés sexistes. On peut également apercevoir une surreprésentation des figures masculines à travers ceux-ci. En effet, seulement 15,8% des personnages de ces manuels sont des femmes avec 4,3% de femmes scientifiques [42]

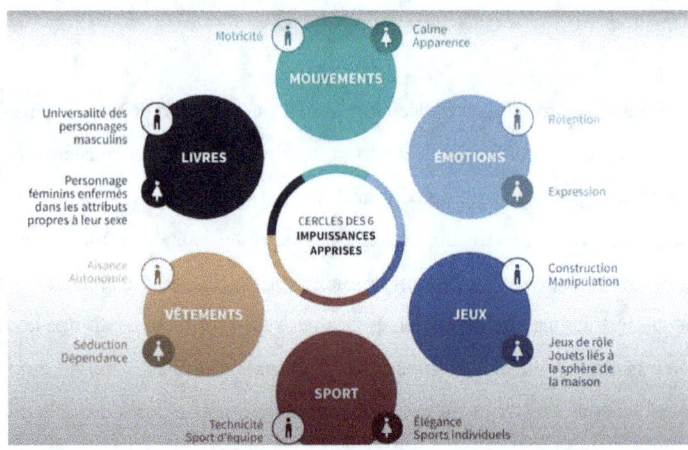

(**fig.15**: "Cercles des 6 impuissances apprises", Brigitte Grésy et Marie-Anne Magnac (2014))[43]

Auto-sélection des jeunes en fonction des représentations sociales

Lors du passage de l'enfance à l'adolescence, l'influence du genre se renforce. On a souvent besoin de l'acceptation des autres. C'est un passage où les filles veulent, majoritairement, montrer qu'elles remplissent bien les critères de féminité. Ce qui n'est pas forcément

---

[42] Centre Hubertine Auclert, Egalité femmes- hommes dans les manuels de mathématiques [Active], from : http://pedagogie.ac-limoges.fr/maths/IMG/pdf/cha-etude-manuels-math-web_1.pdf (Accessed 10 December 2021).

[43] **fig.15**: Illustration tirée du site consulté le 3 décembre 2021 : https://www.theatlantic.com/sexes/archive/2013/01/fake-geek-girls-paranoia-is-about-male-insecurity-not-female -duplicity/267402/

compatible avec l'image stéréotypée de la scientifique, la mathématicienne ou l'informaticienne qui manque de glamour.

Les activités techniques qui, depuis l'enfance, sont liées au masculin, vont attirer les garçons en masse dans les filières techniques. Ce qui peut avoir un effet peu attrayant pour les filles qui ne veulent peut-être pas se séparer de leurs amies et se retrouver isolées au milieu de garçons. Une étude menée par Microsoft[44] démontre que, en Europe, les filles commencent à s'intéresser aux sciences et aux technologies à l'âge de 11 ans mais s'en détournent vers l'âge de 15 ans (entre 12 et 14 ans en Belgique). Malheureusement, c'est également entre 15 et 18 ans que l'on demande aux jeunes de s'orienter. Un moment charnière où les adolescents sont en construction de soi et où l'affirmation de leur genre, féminin ou masculin, est primordial. Combattre les stéréotypes de genre à cet âge demande beaucoup d'efforts. Les jeunes filles vont alors faire une auto-sélection en fonction des attentes et du rôle basé sur des représentations genrées inculquées dès leur plus jeune âge.

Nous pouvons retrouver cette problématique dans l'interview 2[45] : *"Je faisais pas mal de robotique quand j'étais petite. (...) Puis il y a eu l'adolescence (...) Un moment, tu ne trouves plus d'interlocuteurs avec qui en parler. À la cour de récré, les filles cool ce sont celles qui mettent déjà un peu des talons et un peu de maquillage, des trucs comme ça. Moi, j'étais avec mes bd de vulgarisation scientifiques, j'étais la nerd et je n'avais pas d'amis. C'était un peu lourd. (...) J'avais trouvé quelques amis pour parler de ça, mais ça n'était pas bien vu. On nous jetait des petites boulettes de papier. À cet âge-là, on a envie qu'on t'aime. (...) Du coup, tu dis au revoir à Marie Curie. Quand les garçons entrent en compte, c'est encore pire. "*

---

[44] Microsoft News, Why don't European girls like science or technology? [Active], from : https://news.microsoft.com/europe/features/dont-european-girls-like-science-technology/, (Accessed 10 December 2021).
[45] (Interview 2, annexe 12.3.2, 29 novembre 2021)

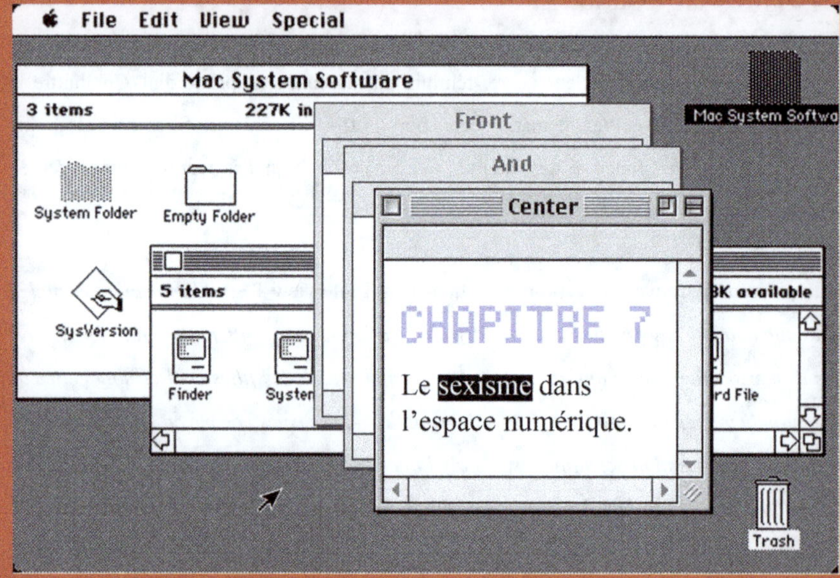

File   Edit   View   Special
Mac System Software
3 items   227K in
System Folder   Empty Folder
SysVersion
Finder   System
5 items
Front
And
Center
CHAPITRE 7
Le sexisme dans l'espace numérique.
Mac System Softwa
8K available
rd File
Trash

7.
Le sexisme
dans l'espace numérique

Les inégalités et les violences sexistes dans le milieu du travail et dansl'enseignement

Les inégalités et le sexisme dans l'enseignement

Alors que les inégalités au travail sont de plus en plus pointées du doigt et font l'objet de nombreux débats, celles présentes dans l'enseignement se font plus discrètes. Pourtant, nous pouvons observer des stéréotypes de genre dès l'école primaire. Selon un article[46] basé sur plusieurs études : "les enfants qui associent les mathématiques au genre masculin ont de meilleures notes si ce sont des garçons et de moins bonnes notes si ce sont des filles.[47] De même, il ressort de plusieurs études que les enseignants évaluent systématiquement les filles plus durement en sciences et en mathématiques que leurs camarades masculins. Ces mêmes études soulignent également la tendance des jeunes filles à s'évaluer presque exclusivement sur base de la perception de leur professeur, ce qui n'est pas le cas des garçons.[48]"

Les inégalités continuent dans l'enseignement supérieur avec un certain renforcement au niveau du sexisme et des violences qui l'accompagnent. Selon une étude par Social Builder[49], "73% de femmes sont témoins de blagues sexistes et une femme sur dix affirme être victime de sexisme que ce soit des blagues sexistes, des remarques sexistes sur leurs compétences voire du chantage et du harcèlement sexuel". Dans l'interview 3[50], la personne relate son vécu par rapport aux

---

[46] Medium, Des souris et que des hommes. Pourquoi les codeuses sont-elles si... [Active], from : https://medium.com/@geecko86/des-souris-et-que-des-hommes-c5f533ea66dd (Accessed 10 December 2021).

[47] University of Washington, Math and me: Children who identify with math get higher scores. [Active], from : https://www.washington.edu/news/2015/09/30/math-and-me-children-who-identify-with-math-get-higher-scores/ (Accessed 10 December 2021).

[48] Tel Aviv University, TAU study finds teacher prejudices put girls off math. [Active], from : https://english.tau.ac.il/news/teacher_prejudices_put_girls_off_math (Accessed 10 December 2021).

[49] Social Builder, Enquête Sexisme dans les formations tech et numériques : vrai ou faux ? Résultats et analyses [Active],from : http://www.calvados.gouv.fr/IMG/pdf/etude_sur_le_sexisme_dans_les_formations_technologiques_et_numeriqu es.pdf (Accessed 10 December 2021).

[50] (Interview 3, annexe 12.3.3, 2 décembre 2021)

blagues sexistes : *"Quand je vois où mon ami travaille, parfois ils ont de l'humour mais beauf, mais vraiment de l'humour de mec. Et je me dis que je n'aurai jamais eu le courage d'aller travailler là-bas."* Nous pouvons constater le même problème dans l'interview 7[51] : *"On peut se retrouver au milieu de blagues qui peuvent mettre mal-à-l'aise, et surtout, qui demandent de savoir se positionner. Ça m'a déjà provoqué des états de dilemme entre me faire entendre en tant que femme, laisser couler quitte à sembler faible, participer pour faire partie du groupe, ou tourner en dérision, quitte à paraître désagréable. Ce qui n'est pas toujours simple. Encore aujourd'hui, je ne suis pas toujours à même de réagir à ce genre de situations."*

Toujours selon Social Builder, "61% des répondantes ont déclaré soit être découragées par l'ambiance au sein de leur formation, soit remettre en cause leur orientation, soit ne pas se sentir à leur place en raison de leur genre, soit trouver que leur parcours est plus difficile que celui d'un homme pour le même métier" [52] Les stéréotypes de genre ainsi que le sexisme présent dans les formations du numérique sont des facteurs de manque d'estime de soi et de décrochage pour les femmes.

Il est important de noter que, dans les formations informatiques, la sous-représentation des femmes est présente depuis la formation et se poursuit dans le milieu du travail. Tandis que, dans le domaine du graphisme, on observe un décrochage des femmes, le plus souvent après la formation. On peut observer une certaine parité sur les bancs des écoles de graphisme qu'on ne retrouve plus dans le milieu du travail. Avec l'âge, les inégalités augmentent. Les écarts de salaire se font sentir et le manque de femmes dans les postes à responsabilités également.

Les inégalités et le sexisme dans le travail

Les inégalités de genre au travail sont présentes dans tous les secteurs. Nous pouvons citer les différences de salaire entre un homme et une femme par exemple. Cependant, nous pouvons constater que ces inégalités sont amplifiées sur les milieux de travail non-mixtes. Selon un

---

[51] (Interview 7, annexe 12.3.7, 12 décembre 2021)
[52] Social Builder, Enquête Sexisme dans les formations tech et numériques : vrai ou faux ? Résultats et analyses [Active], from :
http://www.calvados.gouv.fr/IMG/pdf/etude_sur_le_sexisme_dans_les_formations_technologiques_et_numeriqu es.pdf (Accessed 10 December 2021).

rapport d'Accenture et Girls Who Code[53], la moitié des femmes quittent leur emploi dans le numérique avant même d'avoir 35 ans contre 20% dans les autres secteurs. Selon Digital Wallonia et les rapports de McKinsey[54], nous pouvons expliquer la fuite des talents féminins en plusieurs points : "

1. **Le manque d'engagement réel** des dirigeants d'entreprise pour l'égalité des genres.

2. **Le manque de transparence et d'équité** dans les mécanismes de promotion.

3. **La préférence donnée aux hommes, à compétences égales, lors du premier engagement.** Ainsi, au moment de nommer les managers, les femmes sont moins nombreuses et moins souvent choisies.

4. **Les micro-agressions subies par les femmes au travail** toujours selon McKinsey[55], qui dénonce le fait de "devoir donner davantage de preuves de sa compétence, de voir son expertise remise en cause fréquemment, faire l'objet d'interactions non professionnelles, être pris à tort pour un collaborateur junior, voir ses idées ignorées, entendre des remarques dégradantes sur soi".

5. **Le phénomène des "onlys"** dans les secteurs technologiques. Les "onlys" que l'on pourrait traduire par "esseulées" sont les femmes qui évoluent dans des environnements de travail quasi exclusivement masculins. "

Concernant le point quatre, il est important de noter que les hommes vont s'entourer de personnes qui leur ressemblent, donc, des hommes. Au moment de choisir un manager, ils vont favoriser les hommes. Cette homosociabilité fait partie de la "culture bro"[56] et va défavoriser les femmes pour accéder aux postes à responsabilité.

---

[53] Accenture, Women in Tech. [Active], from : https://www.accenture.com/us-en/about/corporate-citizenship/tech-culture-reset (Accessed 10 December 2021).

[54] Digital Wallonia, Décryptage de l'inégalité hommes-femmes dans les secteurs du numérique [Active], from : https://www.digitalwallonia.be/fr/publications/femmes-et-numerique (Accessed 10 December 2021).

[55] McKinsey, Women in the Workplace. [Active], from :https://www.mckinsey.com/featured-insights/diversity-and-inclusion/women-in-the-workplace (Accessed 10 December 2021).

[56] " La culture bro (littéralement la « culture des frères », « bro » étant une forme abrégée du mot anglais « brother », « frère ») est une sous-culture masculine marquée par un mélange de camaraderie et de compétition dans les relations entre jeunes gens. La culture bro est associée particulièrement à la Silicon Valley aux États-Unis, et au monde de la tech ; elle évoque un état d'esprit misogyne qui caractérise ce milieu social dominé par des hommes

Nous pouvons retrouver cette problématique d'homosociabilité dans l'interview 9[57] : *"Un ami est arrivé dans une agence et le patron l'a pris sous son aile. Ce truc de transmission masculine. Les hommes ont cette facilité-là. (...) tu vas prendre quelqu'un sous ton aile parce que tu vas te reconnaître en lui quand tu étais plus jeune. Du coup, comme ce sont les hommes au pouvoir, c'est un cercle infini avec ce système de transmission. (...)"*

Les femmes doivent fournir de plus grands efforts pour réussir autant qu'un homme. Elles doivent composer malgré le fait que leur expertise puisse être remise en question à cause de suspicions concernant leurs capacités qui sont liées à leur genre. Elles doivent fournir plus d'efforts pour s'intégrer dans un groupe masculin déjà constitué. Dans l'interview 9[58], la personne explique : *"Le commercial ne m'écoutait pas quand je parlais. Il fallait que des hommes valident mon propos pour qu'ils puissent entendre ce que je dis. Les autres gars m'ont défendue mais je n'ai pas pu m'empêcher de me sentir humiliée.(...) Quand on est une femme, dans ce genre de milieu, c'est compliqué de se faire entendre. Il faut vraiment avoir un fort caractère, savoir bien parler, avoir le sens de la politique. Quand on est une femme, il faut fournir deux fois plus d'efforts."*

Elles doivent également souvent composer avec leur vie de famille. Même si beaucoup d'hommes s'occupent aujourd'hui du foyer, la femme reste encore trop souvent cantonnée à un rôle de mère. Les femmes souffrent donc plus des heures de travail et des deadlines serrées dans le domaine du numérique, peu adaptées à la vie de famille.

La suspicion sur les capacités des femmes dans le numérique est une des raisons qui explique que la confiance faite aux femmes pour réaliser leurs projets est moindre. En Belgique, 13%

---

blancs, hétérosexuels, riches, issus d'universités prestigieuses. Le terme peut prendre une extension large et s'employer pour des milieux extérieurs à la tech et non américains "
https://fr.wikipedia.org/wiki/Culture_bro#:~:text=La%20culture%20bro%20
[57] (Interview 9, annexe 12.3.9, 7 décembre 2021)
[58] (Interview 9, annexe 12.3.9, 7 décembre 2021)

des start-up dans le numérique sont créées par des femmes.[59] Selon un article[60], "les startups fondées par des femmes ont, en moyenne, 30% moins de chance que celles fondées par des hommes d'être financées par les principaux fonds de capital-risque". Quand elles sont financées, elles reçoivent en moyenne 2,5 fois moins qu'une société fondée par un homme. Selon la collective "Elles font des films"[61], le constat est également alarmant dans les aides à la production. Seulement 32% des projets sont acceptés pour les femmes contre 68% chez les hommes. Les montants alloués sont également plus maigres pour les projets portés par des femmes.

Il est également important de signaler que très peu de femmes reçoivent de prix que ce soit dans le cinéma, les VFX ou le secteur technologique. Selon "Invisible in Visual Effects", "au cours de la dernière décennie, 211 personnes ont été nominées pour l'Oscar du meilleur VFX, dont une seule femme (elle a gagné)"[62]. Seulement trois femmes ont reçu le prix Nobel d'informatique et une seule a reçu une médaille Fields. En 2016, 5 femmes ont remporté un palmarès aux Magrittes du cinéma. Une révolution, puisqu'en 2011, aucune femme n'était citée.[63]

Les femmes sont sous-représentées dans les postes à responsabilités. Peu de femmes dirigent des studios de VFX, selon une étude nommée "Invisible in Visual Effects"[64], sur 60 entreprises,

---

[59] RTBF, Numérique : où sont les femmes ? [Active], from :
https://www.rtbf.be/lapremiere/article/detail_numerique-ou-sont-les-femmes?id=10055290 (Accessed 11 December 2021).
[60] Boston Consulting Group, Femmes dirigeantes de startups : 30% de chances en moins de lever des fonds. [Active], from : https://www.bcg.com/fr-fr/press/10sept2019-femmes-dirigeantes-de-startups (Accessed 11 December 2021).
[61] Elles font des films, Où sont les femmes? Infographie [Active], from : http://ellesfontdesfilms.be/ressources/ou-sont-les-femmes-2/ (Accessed 11 December 2021).
[62] Cartoon Brew, Report: Women Only Occupy Around A Fifth Of VFX Roles [Active], from : https://www.cartoonbrew.com/artist-rights/report-women-only-occupy-around-a-fifth-of-vfx-roles-210476.html?fbclid=IwAR0EI24RP_PQViPbCJZ7RroUf_iDw6SuN6FP5kkDOvN3oikj5tduvQaHecU, Accessed 10 December 2021.
[63] Elles font des films, Où sont les femmes? Infographie [Active], from : http://ellesfontdesfilms.be/ressources/ou-sont-les-femmes-2/ (Accessed 11 December 2021).
[64] Cartoon Brew, Report: Women Only Occupy Around A Fifth Of VFX Roles [Active], from : https://www.cartoonbrew.com/artist-rights/report-women-only-occupy-around-a-fifth-of-vfx-roles-210476.html?fbclid=IwAR0EI24RP_PQViPbCJZ7RroUf_iDw6SuN6FP5kkDOvN3oikj5tduvQaHecU (Accessed 10 December 2021).

26% des dirigeant.es étaient des femmes. Selon "Grande École du numérique", seulement 18,5% des responsables dans le numérique sont des femmes.[65]

Les agressions sexuelles et la culture du viol dans le milieu du numérique

Le contenu qui suit parle d'agressions et de violences sexuelles. Il peut heurter la sensibilité, réveiller des angoisses ou des traumatismes.

Pendant de nombreuses années, le sexisme a fait l'objet de déni dans la vie quotidienne et dans le milieu du travail. L'idée d'une supériorité par rapport à un autre sexe était pourtant bien présente. Le mouvement #MeToo, apparu en 2017 sur les réseaux sociaux, a eu un impact énorme sur la conscientisation du sexisme.

Alors que des femmes de toutes classes sociales, de tous corps de métiers et de toutes origines dénoncent les mêmes problèmes de sexisme et de harcèlement, on ne pouvait plus ignorer le problème. Les femmes subissent un continuum de violences et de discriminations qui font qu'elles ont une perception du monde différente. Elles sont victimes de cela au travail mais également dans l'espace public ainsi que chez elles. Et cela de l'enfance à l'âge adulte. Le mouvement #MeToo est né suite aux accusations contre le producteur le plus puissant d'Hollywood : Harvey Weinstein. En 2017, il est accusé de viols, d'agressions sexuelles, de harcèlement sexuel, de chantage sexuel par plus de 80 femmes, dont des femmes influentes, travaillant dans le milieu du cinéma.

A travers une enquête du New York Times, les langues se sont déliées et on apprend que pratiquement tout le monde connaissait ses agissements. Beaucoup d'entre elles n'ont pas osé parler par peur d'être virées ou d'être mises sur "liste noire". Gwyneth Paltrow raconte: "elle avait 22 ans et elle s'apprêtait à tourner "Emma l'entremetteuse". Engagée par Harvey Weinstein, ce dernier l'invite dans la suite de son hôtel pour une réunion de travail. Il place ses mains sur elle en lui proposant de passer dans la chambre pour procéder à des massages.

---

[65] La Grande Ecole du Numérique, Les chiffres clés sur les femmes et la tech. [Active], from : https://www.grandeecolenumerique.fr/ressources/les-femmes-et-le-numerique/chiffres-cles-sur-les-femmes-et-latech (Accessed 11 December 2021).

L'actrice se serait défendue et en aurait parlé à Brad Pitt, son compagnon de l'époque. Harvey Weinstein lui aurait alors demandé de garder le silence. "Je pensais qu'il allait me virer", se souvient-elle."[66] En mars 2020, il est condamné à 23 ans de prison.

L'affaire Weinstein n'est pas un cas isolé. Nous pouvons également citer l'affaire Polanski, accusé depuis 1977 du viol d'une adolescente de 13 ans nommée Samantha Gailey ainsi que de l'agression de onze autres femmes. En 2017, une polémique frappe quand il est désigné en tant que président des Césars. Plusieurs entrepreneurs influents de la Silicon Valley ont également dû quitter leur fonction suite à diverses affaires de harcèlement sexuel. Nous pouvons également parler de John Lasseter qui a quitté les studio Pixar suite à des accusations de harcèlement. Quelque temps plus tard, on apprendra qu'il dirige à nouveau un studio d'animation.

Nous sommes face à une culture du viol. Celle-ci est "un ensemble de comportements qui banalisent, excusent et justifient les agressions sexuelles, ou les transforment en plaisanteries et divertissements. Le corps des femmes y est considéré comme un objet destiné à assouvir les besoins des hommes. Les commentaires sexistes abondent et ils créent un climat confortable pour les agresseurs. Dans une telle culture, la responsabilité de l'agression repose sur la victime, dont la parole est remise en cause".[67] Les personnalités puissantes et de pouvoir sont excusées de crimes tandis que les victimes plongent dans le silence par peur de salir leur réputation ou de perdre leur travail.

À titre personnel, j'ai déjà entendu des personnes affirmer que le milieu était ainsi fait et qu'il fallait s'en accommoder. Un exemple de culture du viol que nous pouvons citer est le scandale qui a frappé le magazine "Joystick" en 2013 à la sortie d'un nouveau jeu à l'effigie de l'héroine "Tomb Raider". Dans cet opus, on voit le personnage, Lara Croft, se faire violer. Le magazine "Joystick" titre cette séquence glaçante par : "Tomb Raider : fini l'innocence, Lara a vu le loup !". De plus, le journaliste du magazine écrit: "La miss est plaquée au sol ; les mains attachées

---

[66] Marie Claire, Fache, L'affaire Harvey Weinstein. [Active], from : https://www.marieclaire.fr/l-affaire-harvey-weinstein-temoignages,1237850.asp (Accessed 11 December 2021).
[67] Conseil du statut de la femme, Culture du viol – Conseil du statut de la femme. [Active], from : https://csf.gouv.qc.ca/article/publicationsnum/bibliotheque-des-violences-faites-aux-femmes/culture-du-viol/ (Accessed 11 December 2021).

dans le dos (...). L'ambiance sonore est saturée des gémissements de la belle et des insultes grivoises proférées par ses agresseurs (...). Faire subir de tels supplices à l'une des figures les plus emblématiques du jeu vidéo, c'est tout simplement génial. Et si j'osais, je dirais même que c'est assez excitant" [68]

Selon une étude menée par l'IFOP, "Une femme active sur cinq a dû faire face à une situation de harcèlement sexuel au cours de sa carrière. Dans trois cas de harcèlement sur dix (30%), les femmes actives victimes déclarent qu'elles se trouvent dans une situation d'emploi précaire. D'ailleurs, le fait d'avoir un contrat de travail précaire est cité par plus d'un tiers des Français (36%) comme facteur exposant le plus une femme au harcèlement sexuel, derrière le fait de travailler dans un univers à dominante masculine (53%) et d'être jeune (46%)."[69]

L'interview 9[70] nous livre un témoignage à ce sujet : "*Les hommes qui sont au pouvoir, qui sont mariés, qui ont des enfants et ... qui viennent te draguer. Tu as des regards, cette ambiance bizarre. Un de ces hommes qui avait presque 50 ans est déjà venu m'embrasser (...) C'est arrivé à nouveau plus tard, avec un vieux de presque 60 ans. Tous ces rapports de séduction que tu dois gérer, tu ne dois pas blesser les egos. (...) Certains ont même du pouvoir sur toi, ils peuvent te virer. Ils ont un peu un droit de vie ou de mort financière sur ta personne. (...) Ils ont une décision sur une partie de ton avenir. (...) J'ai déjà eu des problèmes d'insomnie et des crises d'angoisse à cause de toutes ces histoires.*"

---

[68] Le Monde, Lara Croft et le sexisme des gamers. [Active], from :
https://www.lemonde.fr/technologies/article/2012/08/23/lara-croft-une-icone-malmenee_1749046_651865.html
(Accessed 11 December 2021).
[69] IFOP, Enquête sur le harcèlement sexuel au travail. [Active], from : https://www.ifop.com/publication/enquete-sur-le-harcelement-sexuel-au-travail/ (Accessed 11 December 2021).
[70] (Interview 9, annexe 12.3.9, 7 décembre 2021)

La suspicion sur la capacité des femmes dans les domaines techniques

Le sexe biologique et les aptitudes qui en découlent

Il existe une idée selon laquelle notre genre déterminerait nos aptitudes et notre caractère. Cette division des savoirs par le genre est très persistante et réduit les femmes à leur biologie. Par leur rôle de reproduction, les femmes sont liées à la nature et à l'enfance. L'image de la femme est attachée à celle de la mère. Ce qui lui donne des caractéristiques d'empathie et de soin. La femme serait donc plus disposée à des métiers relationnels comme la communication ou les ressources humaines par exemple. Dans l'animation, les femmes sont souvent présentes dans la production mais sous-représentées dans la réalisation et les rôles techniques. La femme va permettre de donner naissance aux visions et aux créations des hommes. Ses aptitudes dites féminines l'enferment dans un rôle où elle s'occupe et se soucie des autres. Dans l'interview 9[71], la personne explique : *"Ce qui est intéressant dans la division du métier, c'est que toutes les femmes sont commerciales. (...) Elles s'occupent des trafics (organisation des réunions par exemple). Tandis que dans les créatifs, il y a beaucoup d'hommes. En fait, l'ambiance, ce sont un peu les femmes qui prennent soin des hommes. (...) Elles vont apporter une petite bière aux garçons, etc. En gros, c'est vraiment le cliché des filles au soin des hommes. (...) Elles vont apporter de la nourriture presque comme une servante. (...)"*.

Les aptitudes dites naturelles des femmes seraient liées au soin tandis que celles des hommes seraient liées à l'action. Les compétences masculines visent la technique, la logique et les idées. Alors que les femmes peuvent procréer naturellement des enfants, l'homme va donner vie par le biais de l'ordinateur. La femme étant capable de le faire biologiquement n'a pas besoin d'ordinateur.

La femme est donc indéniablement liée à son corps. Cette idée est dans l'essence de l'informatique avec le "test de Turing". Isabelle Collet, dans son livre "Les oubliées du numérique", dit : "Turing estime que les femmes ne peuvent s'abstraire de leur corps et sont

---

donc incapables de dissimuler leur nature."[72] La femme ne pouvant pas se libérer de son corps, se retrouve piégée et ne peut accéder à la technique.

Nous pouvons retrouver cette idée d'incompatibilité entre les femmes et la technique dans un événement récent. En 2017, on peut assister à la fuite d'un mémo interne écrit par James Damore, employé chez Google. Dans ce texte, James explique que si on retrouve peu de femmes à des postes de direction et dans les secteurs de l'informatique, cela est dû à des "différences biologiques". Il critique également les initiatives mises en place par Google pour augmenter la diversité au sein de l'entreprise. Ce mémo a fait scandale et James a été licencié. Le caractère technique, également présent dans l'animation, fait naître les mêmes suspicions et les mêmes biais sexistes envers les animatrices.

Cette division des savoirs selon les genres va faire naître une suspicion sur les capacités des femmes dans les domaines techniques qui a pour conséquence de rendre leur point de vue moins précieux. Nous retrouvons cette suspicion dans le vécu de l'interview 8[73] : *"On (des réalisateurs et des journalistes) me demande souvent si elles (mes collègues femmes) seront capables d'effectuer telle ou telle tâche. (…) Un an ou deux après mon arrivée comme freelance, un ami avec qui j'étais en classe est arrivé dans le même service que moi. Tout le monde le savait, on ne m'a jamais rien demandé. Puis encore un an après, une amie de cette même classe est arrivée dans notre service et tout le monde était aussi au courant de notre amitié. On est venu 3-4 fois me demander si elle était capable de faire le graphisme pour telle ou telle émission."*

Ces croyances ne sont pourtant pas vérifiées. En effet, selon une étude menée par l'UNESCO dans 120 pays en 2017, les capacités d'apprentissages dans les domaines techniques sont les mêmes entre les deux genres. Les garçons et les filles ont les mêmes capacités intellectuelles dans les matières techniques, il est uniquement question de stéréotypes de genre.[74]

---

[72] COLLET Isabelle, <u>Les oubliées du numérique</u>, Le Passeur, Paris, 2019, 224p.

[73] (Interview 8, annexe 12.3.8, 13 décembre 2021)

[74] Unesco, Déchiffrer le code : l'éducation des filles et des femmes en sciences, technologies, ingénierie et mathématiques (STEM). [Active], from : https://fr.unesco.org/events/dechiffrer-code-education-filles-femmes-sciences-technologies-ingenierie-mathematiques-stem (Accessed 11 December 2021).

Cette suspicion qui pèse sur les femmes, quant à leurs capacités techniques, fait naître une certaine anxiété et un manque de confiance, autant chez les filles que chez les femmes. Selon une étude menée par Microsoft et KRC Research en 2017, 53% des filles interrogées disent qu'elles ne seront jamais aussi performantes que les garçons dans les matières techniques [75].

Selon Social Builder, "70% des hommes se sentent prêts à travailler directement après leur formation, contre 56% des femmes. Cette différence de 14 points entre les deux sexes confirme un sentiment de manque de confiance dans leurs compétences, vécu par les femmes, présent dans de nombreux secteurs professionnels".[76]

La remise en question permanente des femmes a pour conséquence que celles-ci travaillent deux fois plus qu'un homme pour être prises au sérieux. Nous pouvons citer un témoignage de l'interview 8[77] : "*Personne ne me l'a jamais dit en face, mais depuis toujours j'ai vu des garçons et des hommes qui faisaient moins bien que moi avoir plus de reconnaissance.*" Cette suspicion constante les fait douter de leurs choix et de leur légitimité quant à leur carrière dans le numérique. Selon les enquêtes PISA en 2012 et 2015, les femmes sont plus diplômées que les hommes mais choisissent malgré tout des carrières moins techniques et donc moins rémunératrices à cause, en grande partie, de ce manque d'estime de soi et d'anxiété. [78]

Le système de genre dans les autres pays

Les stéréotypes de genre sont des constructions sociales qui vont différer d'un pays à un autre. Isabelle Collet explique ce qui va suivre dans "Les oubliées du numérique"[79]. Alors que, dans

---

[75] Microsoft News, Why don't European girls like science or technology? [Active], from : https://news.microsoft.com/europe/features/dont-european-girls-like-science-technology/ (Accessed 11 December 2021).

[76] Social Builder, Enquête Sexisme dans les formations tech et numériques : vrai ou faux ? Résultats et analyses [Active], from : http://www.calvados.gouv.fr/IMG/pdf/etude_sur_le_sexisme_dans_les_formations_technologiques_et_numeriqu es.pdf (Accessed 10 December 2021).

[77] (Interview 8, annexe 12.3.8, 13 décembre 2021)

[78] Digital Wallonia, Décryptage de l'inégalité hommes-femmes dans les secteurs du numérique [Active], from : https://www.digitalwallonia.be/fr/publications/femmes-et-numerique (Accessed 10 December 2021).

[79] COLLET Isabelle, Les oubliées du numérique, Le Passeur, Paris, 2019, 224p.

les pays occidentaux, l'informatique est décrite comme un domaine masculin. En Malaisie, les femmes sont majoritaires dans ces mêmes filières. À Penang, il y a 65% d'étudiantes dans les branches informatiques. Dans ce pays, c'est un travail idéal pour une femme: il n'est pas salissant, il permet de travailler à la maison et ne demande pas de force physique. Cet exemple montre bien qu'il n'y a pas de dons innés pour l'informatique chez les hommes. Il s'agit seulement du système de genre qui va diviser différemment les savoirs selon le contexte social du pays. Si nous ne considérons pas l'informatique comme une branche féminine, c'est uniquement pour son aspect technique qui prend une dimension très masculine en occident qu'on ne retrouve pas en Malaisie.

Nous pouvons ajouter que l'explication s'étend au contexte économique. En effet, lorsque nous sommes dans une situation économique favorable, nous faisons nos choix de carrière en fonction de ce que nous aimons. Nous avons pu voir à travers ce mémoire, que nos choix sont conditionnés par un système de genre qui influence nos goûts et nos affinités. Cela explique pourquoi nous retrouvons davantage de femmes en informatique dans les milieux modestes. Ces femmes réfléchissent avant tout aux aspects économiques du métier et prennent moins en compte leurs goûts personnels. Ce n'est pas un hasard si, à Molenbeek, on retrouve 40% de femmes dans l'école de code "MolenGeek".[80]

---

[80] La Libre.be, L'apprentissage du codage est un facteur d'émancipation incroyable pour les femmes. [Active], from :
https://www.lalibre.be/economie/entreprises-startup/2018/05/13/lapprentissage-du-codage-est-un-facteur-demanc ipation-incroyable-pour-les-femmes-B4OBYX3TRND7PHPUDOPEJUVYQA/ (Accessed 11 December 2021).

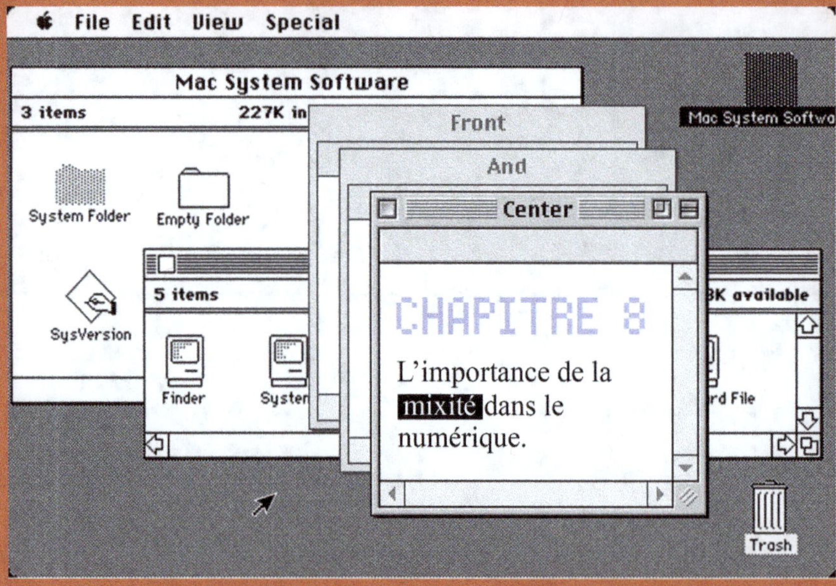
File Edit View Special
Mac System Software
3 items   227K in
System Folder   Empty Folder
SysVersion
Finder   System
Front
And
Center
CHAPITRE 8
L'importance de la
mixité dans le
numérique.
Mac System Softwa
3K available
rd File
Trash
5 items

8.

L'importance de
la mixité dans le numérique

Le manque de diversité dans nos histoires et visuels

Les images que nous créons, qui constituent notre culture et que nous diffusons également à nos enfants, ont un impact sur notre manière de façonner et de percevoir le monde. Cet héritage culturel est malheureusement encore trop stéréotypé et manque de diversité. Actuellement, la télévision, le cinéma et les jeux vidéo montrent une vision du monde produite par les hommes pour les hommes.

Personnellement, j'avoue avoir du mal à m'identifier à la plupart des personnages féminins, que ce soit dans le cinéma, les jeux vidéo ou même la littérature. Déjà enfant, je ne m'identifiais pas à ces princesses qui attendaient leur prince pour les libérer. Encore aujourd'hui, je ne me retrouve pas dans ces personnages féminins aux corps parfaits qui occupent souvent des rôles subalternes alors que le héros principal vit pour sa part des aventures palpitantes.

La représentation et la sexualisation des personnages féminins

Lors de mes débuts dans la 3D, j'ai très vite pu remarquer que les modèles 3D de personnages féminins sont très souvent sexualisés. Ces modèles 3D de femmes ont très souvent des poitrines très généreuses, des tailles de guêpe, sont blanches et posent dans des positions suggestives. La recherche de modèles 3D de femmes dans différents moteurs de recherche m'amenait souvent à tomber sur des contenus pornographiques. À contrario, la recherche de modèles masculins était plus riche et me proposait une variété de personnages et de corps.

La sexualisation des personnages féminins est présente dans le cinéma, le théâtre, à la télévision, les jeux vidéo ou la bande dessinée. L'image véhiculée des protagonistes féminins est souvent celle de femmes jeunes et belles mais qui n'ont pas vraiment de profondeur dans leur personnalité. Les personnages féminins n'existent souvent que par leur physique et à travers le protagoniste masculin. Nous pouvons par exemple citer le jeu "Mario Bros" où la belle princesse Peach dépend de Mario pour être délivrée des griffes du méchant.

Un exemple de sexualisation bien connu est celui du personnage de Lara Croft qui a connu plus de renommée pour son tour de poitrine que pour ses aventures.

(**fig.16**: "Tomb Raider 1996-2015", Pedro-Croft (2015))[81]

Le problème de sexualisation existe également dans la bande dessinée. Les dessinatrices dénoncent le fait que les personnages féminins qui, en plus d'être souvent des stéréotypes du canon de beauté qui, lui aussi, est très sexualisé, ont seulement des narines et non un réel nez. Nous pouvons l'expliquer dans un premier temps par le fait que la norme de beauté pour les femmes est d'avoir un petit nez.

(**fig.17**: "Natacha", François Walthéry (1970) un personnage féminin sans nez)[82]

---

[81] **fig.16**: Illustration tirée du site consulté le 01 décembre 2021 : https://www.deviantart.com/pedro-croft/art/TOMB-RAIDER-1996-2015-553281709
[82] **fig.17**: Illustration tirée du site consulté le 01 décembre 2021 :

Mais nous pouvons relever que l'absence d'un nez signifie également l'effacement de la personnalité du personnage. Que seraient Gaston Lagaffe ou Obélix sans leur nez proéminent? Les personnages féminins sont ainsi réduits à leur physique et finissent par tous se ressembler sans avoir de personnalité propre.

Le male gaze

Le problème est que nous avons l'habitude d'être confronté.e.s à des histoires qui concernent des hommes. C'est ce qu'on appelle le "male gaze". Ce concept a été théorisé par Laura Mulvey en 1975. Elle explique que nous vivons l'histoire à travers le regard du héros qui est masculin. Nous allons avoir des gros plans sur certaines parties du corps féminin, tels que les fesses ou les seins et on va nous indiquer de prendre du plaisir à les regarder.

Nous sommes dans un rapport de domination où la femme est réduite à un objet sexuel. L'homme n'est jamais filmé et sexualisé de la même manière que ne le sont les personnages féminins. La femme est présente pour être regardée tandis que l'homme est là pour agir. Le "male gaze" découle d'un inconscient patriarcal et va avoir une répercussion sur la manière dont nous construisons nos histoires mais également sur la manière dont nous nous percevons en tant que femme. Cela peut faire naître un certain mépris de notre corps car celui-ci est toujours normé par des codes de beauté à travers le "male gaze". Celui-ci est présent partout : dans le cinéma, la littérature, la publicité, les jeux vidéo, la pornographie, etc.

En 1985, Alison Bechdel théorise le "test de Bechdel". Il permet d'évaluer le sexisme d'un film ou d'un livre.

" Celui-ci repose sur 3 critères :

1. l'œuvre possède au moins deux personnages féminins et ceux-ci portent un nom

---

https://www.leparisien.fr/culture-loisirs/cinema/bd-natacha-la-celebre-hotesse-de-l-air-va-devenir-une-heroine-de -cinema-19-03-2021-8429231.php

2. ces deux personnages ont au moins une discussion

3. cette discussion concerne autre chose qu'un homme ". [83]

Selon, le site Poly-Graph, seulement 40% des 4 000 films analysés à partir du "test de Bechdel" remplissent les 3 conditions ci-dessus.[84] Une étude menée en 2014 par l'ONUFemmes ajoute que sur 120 films populaires à travers une dizaine de pays, seulement ⅓ des personnages qui prennent la parole sont des femmes.

En 1991, l'auteure américaine Katha Pollitt conceptualise le "syndrôme de la Schtroumpfette". Celui-ci définit la récurrence, dans nos histoires, de mettre en scène un groupe d'hommes accompagné d'une seule femme qui est souvent stéréotypée. Celle-ci joue un rôle secondaire par rapport aux personnages masculins et ne peut exister sans eux. Alors que les Sctroumpfs ont chacun leur personnalité propre, la schtroumpfette n'existe que par le fait d'être LA femme du village. La schtroumpfette est à la base créée par le méchant sorcier Gargamel dans le but de semer le chaos chez les Schtroumpfs en les séduisant. Arrivée au village, elle sera moquée et rejetée.

Afin de s'intégrer au village, elle demandera au Grand Schtroumpf de l'aider. Celui-ci trouvera comme solution de la métamorphoser par la chirurgie esthétique. Après sa transformation, on découvre une Schtroumpfette blonde avec de longs cils et vêtue d'une mini-jupe et de talons. Après celà, le village se montre gentil avec elle en lui offrant des cadeaux.

---

[83] Bechdel Test, Bechdel Test Movie List [Active], from : https://bechdeltest.com/ (Accessed 11 December 2021).
[84] PolyGraph, The Writers, Directors, and Producers who Make Films that Fail the Bechdel Test [Active], from : http://poly-graph.co/bechdel/ (Accessed 11 December 2021).

(**fig.18,19**: "La Schtroumpfette", Peyo (1967) avant et après sa métamorphose)[85]

Vers plus de personnages féminins authentiques

Il est important de prendre conscience de ces stéréotypes que nous reproduisons dans nos images, souvent de manière inconsciente. Nous devons créer du contenu plus diversifié, en étant attentifs aux groupes sous-représentés et en faisant attention de ne pas reproduire des contenus sexistes ou hétéronormatifs. Selon l'interview 5 [86], *"Il y a des références monstres dans l'animation, qui sont des hommes d'une ancienne génération, où ils sont baignés dans ce côté cliché. Les personnages féminins dans les Disney, par exemple, comme Jessica Rabbit ou Betty Boop, c'est la féminité dans tous ses clichés. (...) Ils sont repris encore très souvent comme références dans l'animation. (...)"*

Il est capital que nos générations futures ne diffusent plus des stéréotypes de genre et que nous ayons des histoires avec des points de vue et des perspectives différentes.

Il est important de réintroduire les femmes dans la production de nos images, ainsi que les minorités également touchées par le "male gaze", cela permet d'avoir des perspectives

---

[85] Illustrations tirées des sites consultés le 01 décembre 2021: **fig.18:**https://www.youtube.com/watch?v=GSPxmsODAP0&ab_channel=LesSchtroumpfs%E2%80%A2Fran%C3%A7ais
fig.19:https://focusonbelgium.be/fr/Connaissez-vous%20ces%20Belges/la-schtroumpfette-la-plus-schtroumpf-de -tous-les-schtroumpfs
[86] (Interview 5, annexe 12.3.5, 30 novembre 2021)

différentes. Introduire plus de femmes permet d'avoir davantage de personnages féminins authentiques auxquels les femmes pourront s'identifier.

Nous pouvons appuyer ces propos par l'interview 8[87] : *"Personnellement, j'essaye de partager et consommer des contenus créés en priorité par des femmes, histoire d'essayer d'équilibrer la balance. Je me suis rendue compte qu'au final, sans même y faire attention, j'apprécie plus les œuvres faites par des femmes, j'ai plus facile à m'y identifier"*. Apporter plus de diversité permet également aux femmes de se découvrir. Nous pouvons le constater dans l'interview 2[88] : *"Je me souviens qu'en 2014, une fille de ma classe avait apporté un clitoris modélisé en 3D. C'est la première fois que j'ai vu, visuellement, à quoi ça ressemblait. En 2014 quoi… j'avais 19 ans !"*. Mais également dans l'interview 7[89] : *"J'aspire à des modèles de femmes qui font leur choix de façon indépendante, et qui sont affranchies de ce que les hommes peuvent attendre d'elles. (...) Le tout est de présenter des personnages nuancés. Elle peut agir de façon égoïste, être courageuse ou peureuse selon l'instant. Elle peut être maline, ingénieuse, drôle aussi, et avoir de l'esprit. Ce sont des traits qui, à mon sens, sont encore trop réservés aux hommes dans les fictions."*

À l'inverse du "male gaze", avec le "female gaze" nous ne sommes plus dans ce rôle de domination où il faut posséder la femme. Nous sommes dans le corps du personnage et nous ressentons l'histoire à travers celui-ci. Le female gaze peut être produit peu importe le genre du réalisateur.rice. Le "female gaze" est avant tout synonyme d'inclusion et de partage d'expérience.

---

[87] (Interview 8, annexe 12.3.8, 13 décembre 2021)
[88] (Interview 2, annexe 12.3.2, 29 novembre 2021)
[89] (Interview 7, annexe 12.3.7, 12 décembre 2021)

Algorithmes et intelligence artificielle racistes et genrés

Le manque de diversité présent dans le numérique engendre des biais sexistes mais aussi racistes dans les algorithmes. Ceux-ci sont créés sans inclure les femmes ainsi que les différentes minorités, ce qui crée des produits non adaptés à une majorité de personnes. Nous pouvons par exemple citer les cycles menstruels, absents des applications de santé pendant de nombreuses années, alors qu'ils concernent, par définition, la moitié de la population.

Prolifération des stéréotypes de société genrés

Les stéréotypes de genre véhiculés dans notre société se retrouvent transmis dans nos algorithmes. Par exemple, l'habitude d'être servis par des femmes hôtesses ou secrétaires a induit qu'aujourd'hui, les assistants vocaux, tels que Siri, ou encore les GPS ont des voix féminines par défaut.

Nous avons également pu constater la propagation des stéréotypes genrés en utilisant le service "Google Traduction" lorsque nous voulions traduire un texte simple à partir de la langue turque ou du finlandais. Ces deux langues étant à grammaire neutre, c'est "Google Traduction" qui décidait du pronom. Cela amène à des stéréotypes de genre. Nous obtenons des traductions telles que : "Il est journaliste. C'est un chef. Il est docteur. Elle est infirmière. Elle est amante. Elle s'occupe de l'enfant. Il s'occupe des choses". La traduction se basant sur l'analyse de centaines de textes déjà traduits et disponibles sur le web, "Google Traduction" ne peut que reproduire les biais sexistes déjà présents dans ces textes.

Les algorithmes vont également renforcer les stéréotypes genrés des corps que véhicule la société. Nous avons pu le remarquer avec le hashtag #FreeTheNipple, ou "Libérez le téton" en français, que Facebook et Instagram censurent systématiquement les tétons féminins et non ceux masculins.

Nous pouvons également soulever les recherches de Simone C. Niquille qui portent sur les normes anthropométriques, utilisées dans les technologies de modélisation 3D et qui sont appliquées dans le cinéma ou dans les enquêtes médico-légales. Ses études démontrent que la standardisation et l'automatisation des protocoles entraînent des biais racistes et des préjugés physiques sur le corps humain.

Normes sexistes et racistes dès l'analogique

Ce problème n'est pas récent car, dès le début du 20ième siècle, des cartes testant la colorimétrie ont imposé la standardisation des paramètres des images analogiques. Ces cartes utilisent comme modèle des jeunes femmes blanches souvent vêtues d'une robe colorée. Ces cartes de test reposant sur des normes sexistes et racistes ont rendu difficile la capture des peaux noires. Le problème a été rectifié seulement après les plaintes d'entreprises travaillant le bois et le chocolat (!)

Ces biais ont continué à être reproduit au début de la télévision, dans les effets Photoshop mais également avec la compression JPEG et son image de test standard appelé "Lena". Celle-ci est en réalité basée sur la page centrale d'un magazine "Playboy" sur laquelle, à nouveau, figure une jeune femme blanche nommée Lena Soderberg. Cette image a été la plus utilisée dans la recherche de traitement de l'image et sera un standard dans les sciences informatiques. Elle est encore téléchargée de nos jours et a été utilisée pour optimiser la compression, le traitement de couleurs mais aussi la reconnaissance d'images par algorithmes. Dans son livre "Brotopia"[90],

(**fig.20**: "Image of Lena Forsén", Wikipedia (2021))[91]

[90] CHANG Emily, Brotopia: Breaking Up the Boy's Club of Silicon Valley, Portfolio, 2018, 320p.
[91] **fig.20**: Illustration tirée du site consulté le 01 décembre 2021 : https://en.wikipedia.org/wiki/Lenna

Emily Chang écrit : "L'utilisation prolifique de la photo de Lena peut être considérée comme un signe avant-coureur de comportement au sein de l'industrie technologique". L'utilisation de "Lena" montre bien le regard sexiste et discriminant dans le regard de la machine. Ce qui va influencer notre propre regard car les images que nous regardons tous les jours sont influencées par ces biais sexistes et racistes qui vont influencer le résultat final mais aussi supprimer certains éléments que nous ne verrons jamais.

L'intelligence artificielle est sexiste

Aujourd'hui, le problème n'est toujours pas résolu et nous continuons à reproduire ces mêmes schémas avec l'évolution de l'intelligence artificielle. Celle-ci se développe dans tous les domaines : que ce soit dans les industries, la publicité, les moteurs de recherche ou la médecine.

Il faut comprendre que pour que des données aient un sens pour nos ordinateurs, celles-ci doivent être catégorisées. Le monde est alors trié en regroupements d'individus. Le problème est que ce tri ne profite pas à tout le monde. Selon Element AI, le domaine de l'intelligence artificielle ne compte que 12% de chercheuses[92]. Les personnes qui forgent ce processus de catégorisation sont donc majoritairement des hommes alors que l'IA est destinée à un public qui, lui, est composé d'hommes mais aussi de femmes. Les intelligences artificielles reflétant les valeurs de leurs créateur.trices, un manque de diversité y est ainsi présent. Nous assistons à un "gender data gap". C'est-à-dire que nous avons moins de données sur les femmes. Nous pouvons alors assister à des problèmes tels que des intelligences artificielles qui ne reconnaissent pas les voix de femmes ou bien les simulations d'accidents de voiture qui ont l'habitude de fonctionner avec des corps masculins. Ces paramètres de genre donnent de ce fait moins de chance à une femme de survivre lors d'un accident de la route.

Les intelligences artificielles vont en conséquence reproduire et amplifier nos représentations sociales sexistes. Nous pouvons retrouver une reproduction de la triste réalité du monde du travail, lorsqu'en 2014, Amazon commence à recruter à l'aide d'un logiciel qui se base sur les

---

[92] Futurium, Women in AI: Promoting inclusive participation across society. [Active], from : https://futurium.ec.europa.eu/en/european-ai-alliance/blog/women-ai-promoting-inclusive-participation-across-society?language=fi (Accessed 11 December 2021).

CV reçus pendant dix ans afin de recruter pour les postes techniques et de direction. Ceux-ci reflétant majoritairement des hommes, l'IA a écarté toutes les candidatures contenant le mot "femme".

Les problèmes de racisme sont également bien présents

En plus de problèmes sexistes, ces différents protocoles d'automatisation font apparaître des biais racistes. En 2009, les webcams de la marque HP et le contrôleur Kinect de chez Microsoft avaient du mal à détecter les visages de personnes noires. Ces différents appareils avaient tout simplement été entraînés et testés exclusivement sur des personnes à la peau blanche.

Retrouver de la mixité pour un avenir plus égalitaire

Il y a une véritable urgence à retrouver de la mixité dans les données sur lesquelles les machines s'entraînent. Sinon, les biais sexistes et racistes ne feront que se renforcer au fil des années. Nous tendons vers un futur dans lequel l'intelligence artificielle occupera une place essentielle. Nos attributions d'aides sociales pourront, par exemple, être automatisées par des logiciels. Il est donc important de réglementer ainsi que de rendre plus transparent et éthique nos algorithmes. Introduire de la diversité dans les équipes qui construisent l'IA permettra une égalité des chances. En effet, l'IA va créer de nombreux nouveaux emplois mais elle va également en faire disparaître. Si nous n'introduisons pas les femmes dans ces métiers de demain, celles-ci seront les premières touchées par l'IA.

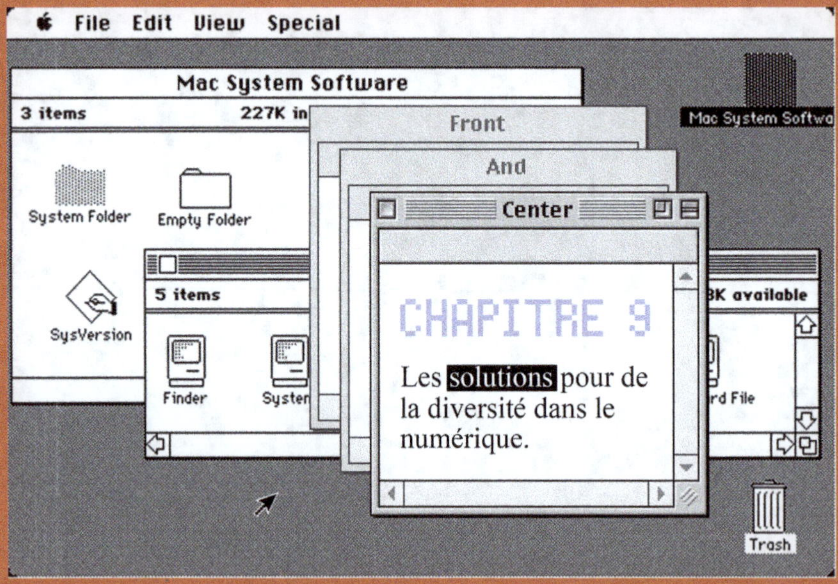

File   Edit   View   Special
Mac System Software
3 items   227K in
System Folder   Empty Folder
SysVersion
Front
And
5 items
Finder   Syste
Center
CHAPITRE 9
Les solutions pour de la diversité dans le numérique.
Mac System Softwa
8K available
rd File
Trash

9.

Les solutions
pour de la
diversité dans le numérique

Comprendre l'autorenforcement dû au système de genre

Quand j'étais petite et qu'on me demandait ce que je voulais faire quand je serais grande, je répondais toujours que je voulais être une scientifique. Malgré ça, on ne m'a jamais vraiment poussée à aller vers des activités scientifiques. Lors de mes cours, on m'a répété sans cesse que je n'étais pas bonne en mathématiques. En grandissant, cette pensée ne m'a plus traversé l'esprit et, ironie du sort, je suis devenue assez douée en mathématiques.

Quelques années plus tard, mon frère a acquis un ordinateur et j'ai tout de suite été intéressée par la machine. J'ai voulu comprendre comment elle fonctionnait et quelles étaient les possibilités. Dans l'adolescence, j'ai joué à pas mal de jeux vidéo et j'avais certaines facilités à comprendre comment fonctionnait l'ordinateur et ses logiciels. Malgré ce caractère débrouillard, personne ne me demandait jamais de l'aide en cas de problèmes. On préférait systématiquement s'orienter vers mon frère. Finalement, personne ne m'a jamais orienté vers une carrière dans le numérique alors que, pour mon frère, cela s'est fait assez naturellement. J'ai fait un bachelier en communication et c'est seulement lors de ma dernière année d'étude, en partant à l'étranger, que j'ai assisté à mon premier cours d'infographie. À partir de là, j'ai su que c'était ce que je voulais faire. Je me suis réorientée et je me suis lancée dans de nouvelles études, d'infographie cette fois. C'est finalement ce diplôme qui m'a permis de me lancer, après un master, dans ma carrière de motion designer 2D/3D.

Afin de trouver des solutions concrètes à la problématique de la sous-représentation de la femme dans le numérique, il faut comprendre que celle-ci se nourrit du système de genre et que celui-ci existe et agit, sur nous tous, dès notre enfance. Nous commençons par nous développer avec des objets qui sont choisis en fonction de notre genre. Les petits garçons vont jouer avec des jeux scientifiques, liés à l'astronomie ou à des matières scientifiques tandis que les petites filles vont se développer avec des poupons ou une dinette. Dès le départ, les filles sont placées dans un rôle domestique, on les invite à prendre soin de l'autre, tandis que les garçons vont être invités à pratiquer la logique, les mathématiques et les sciences. Les enfants sont ainsi conditionnés aux matières qu'ils doivent aimer ou non. Ainsi, dès l'enfance, beaucoup de petites filles perdent confiance en elles et pensent qu'elles ne sont pas bonnes en mathématiques ou qu'elles n'aiment tout simplement pas cette matière.

Cela va avoir pour conséquence qu'elles osent moins se lancer et qu'on retrouve peu de filles dans les filières techniques. Ne voulant pas se trouver plongées dans un milieu presque exclusivement masculin, elles ne choisissent donc pas ces filières, ce qui renforce le phénomène. Nous pouvons appuyer ce propos par l'interview 7[93] : *"On était dans une proportion de deux tiers d'hommes pour un tiers de femmes. Dans l'option jeux vidéo, la tendance était encore plus marquée. Je me souviens que ça a été un facteur qui m'a découragée à prendre cette option."*

Pendant toute cette période, les femmes voulant accéder à des branches techniques vont recevoir le message qu'elles ne sont pas à leur place, que ce n'est pas ce qu'elles aiment ni ce dans quoi elles vont exceller. Depuis qu'elles sont petites, elles manquent de modèles féminins qui les invitent à s'intéresser au numérique et, plus tard, il y a peu de chance qu'elles s'intéressent et fassent carrière dans ce domaine. Ce qui pose les bases d'un cercle vicieux pour les générations futures qui, à leur tour, ne rencontreront pas de modèles féminins.

Tous ces points vont impacter les choix professionnels des femmes ainsi que leur évolution dans leur carrière. Si elles décident de se diriger vers une branche technique, elles devront braver l'hostilité du milieu, les inégalités, le sexisme et les violences qui en découlent mais également une suspicion sur leurs capacités techniques.

Les femmes étant moins payées que les hommes, leur travail sera souvent perçu comme ayant moins de valeur et de prestige. Tandis que les femmes vont douter de leurs compétences dans le numérique, les hommes, eux, vont douter des femmes. Depuis petit.es, de l'enfance au milieu

---

[93] (Interview 7, annexe 12.3.7, 12 décembre 2021)

du travail, on entend que les femmes et le numérique ne sont pas compatibles. Cela fait naître un manque de confiance en soi et de ses capacités qui peut déboucher sur une réorientation vers une autre carrière dans laquelle nos compétences seront appréciées et reconnues ou vers une carrière qu'on estime plus réalisable.

Aucune femme n'est donc biologiquement inapte au numérique. C'est bien notre société qui les influence dans cette croyance. En psychologie, c'est ce qui s'appelle une prophétie auto-réalisatrice.

Nous sommes face à un système qui nous conditionne à associer le numérique aux hommes. Selon Isabelle Collet, "il serait bien plus durable d'arrêter ces processus d'auto-exclusion pour que les femmes se sentent, dès le départ, à leur place."[94] Isabelle Collet dit également dans son livre "Les oubliées du numérique"[95] : "Plutôt que d'essayer d'adapter les femmes, il faut rendre le système plus inclusif".

Il est question de remettre en question les fondements de notre société, qui produit ces normes et dans laquelle nous évoluons depuis notre enfance. La difficulté de se remettre en question peut faire naître un sentiment de méfiance concernant les méthodes d'inclusion actuelles.

Selon une étude d' Accenture[96], seulement 38% des directeur.trices RH pensent qu'une culture plus inclusive éviterait le départ des femmes des entreprises. Selon Digital Wallonia[97], "parmi les mesures appliquées par les 19% des dirigeant.es wallon.es souhaitant attirer du personnel féminin, seulement 15% veulent repenser la culture d'entreprise pour détecter d'éventuels stéréotypes de genre."

---

[94] Numerama, Inclusion des femmes dans le numérique : « Peindre la tech en rose, c'est contre-productif » [Active], from : https://www.numerama.com/politique/560125-peindre-la-tech-en-rose-cest-contre-productif-entretien-avec-isabe lle-collet.html (Accessed 11 December 2021).
[95] COLLET Isabelle, Les oubliées du numérique, Le Passeur, Paris, 2019, 224p.
[96] Accenture, Resetting Tech Culture. [Active], from : https://www.accenture.com/_acnmedia/PDF-134/Accenture-A4-GWC-Report-Final1.pdf#zoom=50 (Accessed 11 December 2021).
[97] ARES, Présentation PowerPoint. [Active], from : http://www.ares-ac.be/images/Femmes_sciences/2020-02-11/2020-02-11-Les-femmes-et-le-numerique-un-maria ge-impossible_HRAIMOND.pdf (Accessed 10 December 2021).

Comprendre et casser les stéréotypes de genre existants

Les stéréotypes sont des constructions mentales. Celles-ci donnent l'image d'un monde bien rangé et rassurant où chacun a sa petite case. Notre société est profondément ancrée par des stéréotypes de genre. Ils peuvent être descriptifs et vont dicter l'apparence des femmes et des hommes, mais ils sont également normatifs et indiquent comment les femmes et les hommes doivent être.

Les stéréotypes enferment autant les femmes que les hommes dans des rôles préconstruits, ce qui freine leur liberté. Ils laissent penser qu'un genre est meilleur que l'autre, dans un domaine donné, sur base d'idées préconçues. Nous pouvons retrouver cette idée dans l'interview 9[98] : *"J'ai l'impression qu'un écrivain homme va plus m'intéresser. J'ai l'impression que ça va être plus intéressant, vu que tous les chefs-d'œuvres sont écrits par des hommes. Je vais inconsciemment porter plus de crédit à un homme. J'ai intériorisé ça depuis que je suis petite. Je me dis qu'une femme ça va être plus gnangnan, moins intéressant"*. Ou encore l'interview 6[99] : *" La 3D c'est pour le jeu vidéo, non? Du coup tu seras un peu la seule fille" ou "Il faut s'y connaitre en ordinateurs tu sais"... Comme si ça changeait quelque chose! Alors oui, dans un premier temps je me suis demandé pourquoi le fait d'être une fille serait un obstacle à mon choix de faire de l'art 3D. Puis je me suis vite rendue compte que ces remarques, faites par des hommes, étaient vides de sens et n'allaient certainement pas déterminer ce que je voulais faire dans mes études ou dans ma vie. (...)"* Nous pouvons également citer l'interview 5[100] : *"Tu te sens casée, freinée, tu n'es pas bon dans ce que les gens supposent que tu devrais être bon. C'est ça le problème de genre, on stigmatise"*.

L'idée de ce mémoire est de casser les stéréotypes disant que l'homme est meilleur que la femme dans les domaines techniques et que celle-ci n'a donc pas sa place. Combattre les stéréotypes de genre, c'est permettre à quiconque de choisir la carrière qu'il souhaite et de faire ce qu'il aime sans se soucier des clichés genrés.

---

[98] (Interview 9, annexe 12.3.9, 7 décembre 2021)
[99] (Interview 6, annexe 12.3.6, 12 décembre 2021)
[100] (Interview 5, annexe 12.3.5, 30 novembre 2021)

Cependant, les stéréotypes sont profondément ancrés dans notre société. On ne peut donc pas les balayer d'un revers de main. Faire évoluer les mentalités va prendre du temps, beaucoup de temps. Comme l'explique Isabelle Collet dans son livre "Les oubliées du numérique"[101]: lorsque nous sommes face à un stéréotype, il faut savoir dans un premier temps l'identifier. Nous produisons et propageons tous des stéréotypes que ce soit de manière consciente ou inconsciente. L'important est d'en prendre conscience, de réfléchir à leurs conséquences et de s'en émanciper pour être capable de choix plus autonomes. C'est en les reconnaissant que l'on s'en défait.

Nous avons plusieurs témoignages qui montrent ce travail de déconstruction et la manière dont nous pouvons propager, de manière inconsciente, des stéréotypes. Selon l'interview 8[102], *"J'ai commencé à m'intéresser au féminisme seulement vers la vingtaine, donc je sais qu'il y a beaucoup de choses que j'ai laissé passer en pensant que c'était normal"*. Mais également dans l'interview 9[103] : *"On se met des œillères face aux problèmes qui sont douloureux. Quand tu te rends compte des choses, ça te fait un effet désagréable que tu as envie d'éviter. (...)."* Et aussi dans l'interview 5[104] : *"En classe, (pour apprendre les différentes marches en animation) j'ai montré comment un homme marche. (...) Ça fait depuis 4-5 ans que quand je passe cet extrait, je me sens mal à l'aise parce que je trouve ça très stigmatisé. (...) Maintenant, je change mon récit quand je le montre. Maintenant, je dis une marche féminisée et une marche masculinisée. Parce que c'est vrai qu'il y a des femmes qui marchent plutôt "comme un homme". Je pense que c'est des nuances. (...) Quand j'avais 20 ans, je me rappelle que c'était normal de voir des caricatures de femmes avec des gros seins. On est enfant de son époque. C'est en moi. (...) J'avoue que, moi-même, dans mes petits films, je nourrissais dans l'humour certains trucs. (...) C'est seulement plus tard, que je me suis rendue compte que c'était un peu gros. (...) Je pense qu'il y a surtout le confort et les habitudes qui prolongent les choses. C'est confortable de rester dans une situation."*

---

[101] COLLET Isabelle, <u>Les oubliées du numérique</u>, Le Passeur, Paris, 2019, 224p.
[102] (Interview 8, annexe 12.3.8, 13 décembre 2021)
[103] (Interview 9, annexe 12.3.9, 7 décembre 2021)
[104] (Interview 5, annexe 12.3.5, 30 novembre 2021)

Mise en lumière de role models inspirants

Comme nous avons déjà pu le voir à travers ce mémoire, il y a beaucoup de figures emblématiques masculines dans le numérique. Le fait de voir autant de modèles d'un autre genre que le sien en tant que figure d'autorité peut nous faire sentir illégitime. Le fait qu'il y ait peu de modèles féminins dans le numérique accentue les stéréotypes disant que les femmes ne sont pas faites pour les métiers techniques.

Il est important de parler des différentes pionnières du numérique pour montrer que les femmes ont toujours été présentes et que ce n'a pas toujours été un domaine masculin. Il est nécessaire d'avoir des modèles d'identification féminins pour donner une image mixte au numérique mais également pour donner confiance aux femmes. Il est capital de leur donner les moyens de se projeter, de s'identifier à des personnes qui leur ressemblent afin de les encourager à entrer ou à rester dans le domaine du numérique.

L'interview 7[105] appuie ces propos : *"Je pense qu'on sous-estime la portée des modèles auxquels on peut s'identifier, et comment cela peut nous porter inconsciemment. C'est quelque chose qui m'a manqué, à moi, autant que ça manque de façon générale, je pense, pour les filles de tous âges. (...) Ceci m'a amenée à me rabattre sur des modèles masculins, et à influencer mon comportement au plus profond de ma psychologie. Aussi, cela m'est arrivé de douter qu'une chose m'était accessible car il y a peu de femmes dans la profession. Par exemple, pour les FX; c'est un champ qui est assimilé à quelque chose de logique, mêlant connaissances informatiques, programmation, connaissances scientifiques et compétences artistiques. Ça peut être assimilé à quelque chose de plus masculin, puisque de façon emblématique, on pense souvent aux explosions ou aux destructions qui ont un caractère plus masculin. Les femmes ont toutefois entièrement leur place dans ce champ, et cela m'aurait aidé à prendre confiance en mes possibilités d'y accéder, de savoir que des femmes en faisaient, et que je n'allais pas me retrouver exclusivement entourée d'hommes.".*

---

[105] (Interview 7, annexe 12.3.7, 12 décembre 2021)

Souvent, les femmes n'entament pas d'études ou de carrière dans le numérique par manque de modèles. Selon Wallonia Wonder Women, "Les filles belges souhaitent être davantage encouragées par des femmes travaillant dans les STEM (45%), par les enseignants (44%), par des organisations STEM reconnues (43%)".[106] Souvent, les femmes accèdent à cette culture masculine, qu'est le numérique, par le biais d'une figure qui, elle aussi, est masculine (par leur père ou leur frère par exemple).

Il est également important de préciser que, pour que les femmes puissent s'identifier, il faut également mettre en avant des femmes ordinaires. Promouvoir uniquement des modèles de femmes célèbres peut intimider et donner l'impression que les métiers techniques sont inaccessibles, alors que les femmes, par les mécanismes décrits plus haut, doutent déjà de leurs capacités. Il faut donc mettre en avant des femmes de tous les jours qui leur ressemblent à travers des témoignages, des vidéos, des expositions, des photos mais aussi dans les conférences et les tutoriels YouTube.

Il faut aussi aider les femmes qui sont ces modèles. Que ce soit par la promotion de davantage de films de réalisatrices dans les festivals mais également plus de femmes présentes dans les jurys de ces mêmes festivals. Il faudrait également davantage de financements et d'aides pour les femmes qui produisent des films ou pour celles qui lancent leur start-up. À ce jour, encore trop peu de femmes sont récompensées pour leur travail ou figurent au palmarès de grands événements. Les femmes sont, encore aujourd'hui, invisibilisées, notamment celles qui sont à la tête de start-up et de grosses entreprises. Il faut réintroduire des modèles féminins dès l'école par un plus grand nombre de professeures mais aussi de femmes dans les jurys d'école. Il faut également inclure les femmes dans les cours d'histoire dispensés à l'école.

L'interview 5[107] appuie la problématique de la sous-représentation des femmes dans les jurys d'école : *"Un jour, une de mes étudiantes m'a dit : "Mon dieu ! Le jury, c'est tous des messieurs. Est-ce-qu'il n'y a pas de femmes ?". Ça m'avait vraiment choquée. Ça m'a fait tilt. Pourtant,*

---

[106] Digital Wallonia, Wallonia Wonder Women. [Active], from :
https://www.digitalwallonia.be/fr/publications/wallonia-wonder-women# (Accessed 11 December 2021).
[107] (Interview 5, annexe 12.3.5, 30 novembre 2021)

on a des anciennes étudiantes qui sont des talents. (...) Il y avait une femme ou deux mais c'était souvent une organisatrice de festivals, ça n'était pas quelqu'un du métier même.

(...) Je pense que les gens ne le remarquent pas, c'est inconscient. (...)" L'interview 4[108]démontre le manque de femmes dans le corps professoral : "*Les seuls cours où j'ai des femmes, sont des cours qui ne sont pas en lien avec l'informatique. C'est de la comptabilité, du droit ou de l'organisation et du management en entreprise. C'est des petits cours annexes. On n'a pas de profs femmes dans tout ce qui est informatique.*" L'interview 5[109] d'une professeure d'animation souligne également le problème : "*Ça fait presque 15 ans que j'étais seule, que je n'ai pas connu de collègue féminin*".

---

[108] (Interview 4, annexe 12.3.4, 7 décembre 2021)
[109] (Interview 5, annexe 12.3.5, 30 novembre 2021)

Rendre le milieu éducatif et du travail plus inclusif

L'inclusivité dans l'enseignement

Comme nous avons pu le voir au cours de ce mémoire, par une suite de stéréotypes et d'attentes genrées qui accablent les femmes dès leur enfance, celles-ci peuvent avoir un manque de confiance en leurs capacités à travailler dans le secteur du numérique et ne pas se sentir à leur place dans ces filières. Il est important, dans un premier temps, de mettre à l'aise et en confiance les jeunes filles. Une école inclusive et qui met à l'aise les enfants en les acceptant tels qu'ils sont permettra à l'enfant de s'épanouir et d'explorer au maximum ses capacités.

Dès le plus jeune âge, il faudrait instaurer des cours d'informatique et les confronter au numérique afin de les sensibiliser à ces corps de métiers. Beaucoup de gens ont des perceptions, basées sur des stéréotypes, vis-à-vis du numérique qui les empêchent de franchir le pas. Il faut briser ces aprioris pour montrer que le numérique est ouvert à tous. Si on se base sur les stéréotypes, il n'est pas nécessaire d'être un.e génie pour utiliser et coder via un ordinateur. Des cours de programmation dans le cursus scolaire permettraient à tous d'avoir une certaine base en informatique et permettrait de démontrer que filles et garçons ont tous les deux les capacités requises. Il est important de rappeler que nous tendons de plus en plus vers un monde entièrement numérisé. Des écoles qui enseignent la programmation dès la primaire via "Minecraft" démontrent que les petites filles ainsi que les garçons sont tous intéressés par cet apprentissage.

Les filles doivent avoir conscience que les métiers du numérique existent et qu'elles ont leurs chances. Des entrepreneuses, des étudiantes ou des employées et freelance pourraient venir dans les écoles afin de livrer leur témoignage, et montrer que les femmes sont présentes dans le numérique. Il faut montrer que les femmes sont demandées dans le numérique. Il est également intéressant de faire visiter des studios ou des agences afin d'en apprendre davantage sur les métiers et de se faire une première idée du milieu professionnel.

Il faut instaurer des cours traitant des problèmes de genre et déconstruire les stéréotypes visant les capacités en fonction du genre. Les questions d'égalité doivent être abordées en cours. Il faut également sensibiliser les professeur.es aux questions de genre et ses stéréotypes et composer des équipes professorales mixtes. Et cela, à tous les niveaux hiérarchiques. Selon la fondation Blaise Pascal, seulement 19% des professeur.es d'université en informatique sont des femmes.[110]

Il faut montrer davantage que les femmes sont les bienvenues dans les écoles de formation au numérique. Des journées portes ouvertes non mixtes, dans les filières dominées par les hommes, peuvent encourager les filles à sauter le pas en voyant qu'elles ne sont pas seules à se diriger dans cette voie et qu'elles ne seront pas isolées. Nous pouvons rencontrer plusieurs vécus positifs vis-à-vis des actions menées en mixité choisie. Nous avons le témoignage de l'interview 1[111] : *"J'étais dans un centre de formation essentiellement réservé aux femmes. Dans ma classe, nous n'étions que des filles. Il y avait des profs masculins et féminins. Seule une classe parmi toutes les autres était mixte. Je l'ai super bien vécu , aucun sexisme, beaucoup d'entraides que ce soit entre les filles ou vis-à-vis des profs."* Mais également celui de l'interview 2[112] : *"Ce débat des évènements avec mixité choisie. Au départ, je trouvais ça bête mais au final, ce n'est pas plus mal (...) que toutes les minorités puissent se rencontrer entre elles. (...) Ça crée de la force. Ça veut dire : je ne suis pas toute seule."*

Il faut de la variété dans les profils sélectionnés que ce soit au niveau du genre, de l'ethnie ou du parcours. Une fois qu'elles sont inscrites dans l'école, il faut s'assurer qu'elles s'intègrent et qu'elles se sentent à l'aise en vérifiant qu'elles ne sont pas isolées lors des travaux de groupe, employer des assistantes femmes, offrir des cours de soutien, avoir un mentorat pour soutenir les femmes, avoir un espace réservé aux femmes où elles se sentent en sécurité où elles peuvent échanger sur leurs problèmes et se rencontrer. On peut également prévoir des événements durant lesquels des modèles féminins parlent de leur parcours. Il faut que ce mouvement de soutien se poursuive même après qu'elles aient fini leur formation.

---

[110] Fondation Blaise Pascal, Rapport activité mars 2018 à mars 2019. [Active], from : https://www.fondation-blaise-pascal.org/wp-content/uploads/2019/07/rapport-activitexx-mars-2018-axx-mars-20 19-1.pdf (Accessed 11 December 2021).
[111] (Interview 1, annexe 12.3.1, 11 décembre 2021)
[112] (Interview 2, annexe 12.3.2, 29 novembre 2021)

Atteindre la mixité dans les formations du numérique est possible. Nous pouvons citer l'université de Carnegie Mellon en Pennsylvanie qui a atteint, en 2016, 48,5% de femmes dans leur formation après 20 ans d'effort au niveau de la sensibilisation, de la socialisation, du recrutement, etc... Nous pouvons également parler de NTNU qui est passé en un an de 3% d'étudiantes à 38%.

L'inclusivité dans le milieu du travail

Corriger l'inclusivité au travail commence dès l'embauche. Il faut mettre en place des stratégies de recrutement qui permettent d'augmenter la mixité et la diversité au niveau des ethnicités au sein de l'entreprise. Selon Agoria[113], "on observe que les femmes ne postulent en moyenne que si elles répondent à 80% des critères demandés (contre 20% pour les hommes). Par conséquent, les longues listes de compétences exigées dans les descriptions de fonction filtrent plus de bon.ne.s candidat.es potentiel.les qu'elles n'en apportent."

Il faut inclure les femmes à tous types de postes y compris les postes de direction. Il faut que les femmes sentent qu'elles peuvent évoluer dans la société et qu'elles ne sont pas freinées par un plafond de verre. Il faut offrir les mêmes possibilités d'évolution et de promotions aux femmes comme aux hommes mais également aux personnes de couleur et aux autres minorités.

Selon une étude menée par Accenture, "les responsables RH seniors sont 45 % à dire qu'il est facile pour les femmes de s'épanouir dans la technologie."[114]

Nous pouvons observer une certaine déconnexion face à l'importance de l'inclusivité. Il ne s'agit pas de donner une image positive à son entreprise ou de remplir des quotas en accordant à quelques femmes un poste symbolique. Beaucoup d'entreprises prônent un discours en faveur de l'inclusion des femmes dans le milieu du travail mais ne changent rien dans leurs politiques

---

[113] Agoria, Quel est le risque d'une fracture numérique entre les hommes et les femmes ? [Active], from : https://www.agoria.be/fr/capital-humain-education/recrutement-emploi-licenciement/reglementation-du-travail/discrimination/quel-est-le-risque-dune-fracture-numerique-entre-les-hommes-et-les-femmes (Accessed 11 December 2021).

[114] Accenture, Women in Tech. [Active], from : https://www.accenture.com/us-en/about/corporate-citizenship/tech-culture-reset (Accessed 11 December 2021).

internes. Le problème est cité dans l'interview 9[115] : *"Les filles (...) sont à des petits postes de directeur.trice artistique : du social media ou des petites éditions. Les trucs qui vont intéresser le client, les grosses directions artistiques, les grosses pubs qui demandent une sorte d'émulation créative, là, ça va être pour les hommes. (...) on leur file des missions dans leur coin, mais sans les mettre sur les trucs où il y a le pouvoir, où il y a de l'argent, où il y a les enjeux. (...)"*

Ce phénomène de "woman washing" consiste à inclure des valeurs féministes dans sa communication et son marketing, uniquement dans le but de se donner une bonne image. Inclure les femmes ainsi que d'autres ethnicités est un véritable avantage pour une entreprise. Grâce à des profils diversifiés, elles peuvent compter sur un plus large panel de solutions et de pensées. Cette multiplicité de points de vue permet d'insuffler une grande diversité à un produit et/ou à des images. Selon l'interview 8[116], certaines entreprises commencent à réfléchir au problème : *"Quand on a fait remarquer à mon chef direct qu'il n'y avait pratiquement que des hommes engagés, il a commencé à y faire attention et à prendre plus de femmes. Il y aussi pas mal de femmes dans des hauts postes."*

Repenser la culture interne d'une entreprise permet de créer un cadre de travail accueillant et respectueux pour les femmes. On peut imaginer la planification d'événements plus inclusifs, un soutien pour les femmes à l'aide de mentors ou encore des moments entre femmes, au sein de l'entreprise, dans un espace sécurisant ("safe place") dans lequel elles pourraient parler des obstacles qu'elles rencontrent et où elles seraient libres de parler de sujets qui leurs tiennent à cœur.

L'interview 9[117] soutient la création de "safe place" : *"Dans le milieu du travail, les femmes s'isolent entre elles. Il n'y a pas de gros groupes de femmes comparé aux hommes. C'est compliqué de se faire des amies filles. Elles s'isolent peut-être pour ne pas avoir à faire à ces rapports masculins. (...) La solution c'est peut-être de créer du lien entre les femmes, des espaces pour elles. Créer des "safes places" pour que les femmes puissent se connecter et se*

---

[115] (Interview 9, annexe 12.3.9, 7 décembre 2021)
[116] (Interview 8, annexe 12.3.8, 13 décembre 2021)
[117] (Interview 9, annexe 12.3.9, 7 décembre 2021)

parler des sujets importants, mais en étant ultra à l'aise et en sécurité. Ça permettra de créer de la cohésion."

Un dernier point doit être également abordé, celui de la gestion de la vie professionnelle et privée. Bien que de plus en plus de pères s'impliquent davantage dans la vie de famille, les femmes continuent d'être les plus exposées aux tâches domestiques ainsi qu'à l'éducation des enfants. Il y a encore beaucoup de pressions sur les femmes vis-à-vis de la maternité. Nombre de femmes se demandent encore si elles doivent choisir entre leur carrière ou fonder une famille. Les femmes devraient pouvoir devenir mères, en toute tranquillité, sans se demander si cela va nuire à leur carrière ou, inversement, si elles seront des mauvaises mères en continuant leur carrière.

Je pense que beaucoup d'hommes veulent également passer du temps avec leur famille. Il faut penser à un environnement de travail plus flexible où la parentalité serait mieux répartie entre les hommes et les femmes.

L'interview 5[118] relate ces propos : *"Ce sont des femmes qui ont une grande renommée. Il y a peut-être une chose à tenir en compte, les deux n'ont pas créé de famille. Pour le domaine de l'animation, c'est souvent un domaine où on voyage. (...) Il faut pouvoir s'absenter parfois pendant une année.(...) Moi par contre, j'ai une famille. J'ai senti, à un certain moment, ce choix à faire. (...) En animation, si tu t'absentes pour une raison ou une autre pendant 5, 6 ou 10 ans, tu as un trou qui fait mal dans ta carrière. Si on n'est pas continuellement en train d'aller de grosses productions en grosses productions, on est écartée. (...) Je sais d'expériences et de témoignages que beaucoup d'hommes commencent à se battre pour le statut de la paternité parce qu'ils se sentent totalement exclus. Et ça c'est super ! (...) "*

Le problème de la tech "pour les filles"

Dans le domaine du numérique, il existe de très bonnes actions non mixtes qui permettent de sensibiliser à la problématique, de mettre les femmes à l'aise, de se rencontrer entre elles pour

---

[118] (Interview 5, annexe 12.3.5, 30 novembre 2021)

créer des rôles modèles et partager leurs expériences. Cela permet de déconstruire l'idée que le numérique est une affaire d'hommes.

Cependant, il faut également faire attention de ne pas créer un domaine numérique "pour les filles". Cela engendre de nouveaux stéréotypes disant qu'il y a le numérique "pour les garçons" qui est universel et, de l'autre côté, le numérique pour "les filles" qui serait limité. Au même titre, proposer des activités numériques orientées uniquement sur l'esthétique, la mode, la communication limite les ambitions des femmes pour les autres domaines.

Un exemple qui m'a plutôt marquée est la création de la Barbie dite "informaticienne". L'idée de départ est noble : montrer aux petites filles qu'elles peuvent exercer dans une branche numérique. Cependant, lorsqu'on découvrait le livret fourni avec la poupée, on pouvait lire :

(**fig.21**: "*Barbie ingénieure informaticienne*", Mattel (2010))[119]

«Je ne fais que créer les idées de design…, je vais avoir besoin de l'aide de Steven et Brian pour en faire un vrai jeu.». Cela renvoie comme image que les filles peuvent certes entrer dans le numérique mais toujours avec l'aide des hommes pour le côté technique.

---

[119] **fig.21**: Illustration tirée du site consulté le 10 décembre 2021 :
https://www.konbini.com/fr/tendances-2/barbie-ingenieure-informaticienne-polemique/

Que ce soit sur les bancs de l'école ou dans le milieu du travail, il faut appliquer une tolérance zéro pour les comportements sexistes ainsi que le harcèlement et les agressions sexuelles. Il faut mettre en place de la sensibilisation à travers des campagnes d'éducation contre le harcèlement sexuel. Celles-ci doivent être suivies par les étudiant.es mais aussi par les professeur.es.

Il faut viser et expliquer l'impact du sexisme et du harcèlement sexuel, ainsi que les réactions à avoir face à ce type de situations. Ces formations pour lutter contre les violences doivent également être présentes dans le milieu professionnel. Mettre en place, que ce soit à l'école ou au travail, un.e référent.e qui veille à la lutte des violences sexistes ainsi qu'un accompagnement pour les victimes de celles-ci est également un énorme soutien. Un affichage rappelant la loi concernant le harcèlement sexuel, une campagne de sensibilisation à l'école et au travail, ou encore, rendre visible les collectif.ves, asbl ou numéros d'écoute pour les victimes ne sont jamais des actions superflues.

Actions mises en place et collectif.ves

Depuis plusieurs années, nous pouvons voir beaucoup d'actions menées pour les droits des femmes ainsi que pour les femmes de couleur ou la communauté LGTBQIA+. Les langues se délient, des espaces sécurisants et de parole se créent et nous pouvons constater des évolutions, des projets de lois qui sont votés et des stéréotypes qui se déconstruisent.

Je voulais terminer ce mémoire par une touche optimiste et parler des différents collectif.ves et projets formidables mis en place pour faire bouger les choses. Je ne pourrais pas tous les citer, je suis en découverte constante de nouvelles actions. Il n'y en aura cependant jamais assez tant que la problématique existe.

Cyberféminisme

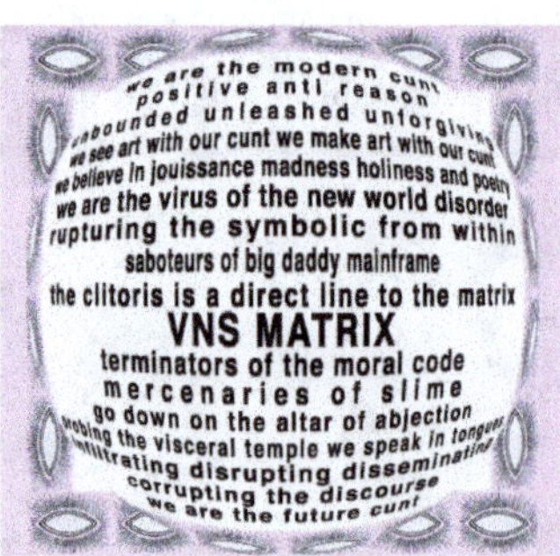

(**fig.22**: "*The Cyberfeminist Manifesto*", VNS Matrixl (1991))[120]

Dès les années 1990, avec le boom d'Internet, les femmes ont eu envie de se mobiliser pour réinvestir le numérique. Des mouvements cyberféministes ont commencé à voir le jour. Dans l'essai intitulé "Je préfère être un cyborg qu'une déesse", l'auteure Donna Haraway retranscrit les prémisses de la pensée cyberféministe. Elle se questionne sur notre relation au corps et à la machine. Elle veut repenser notre relation au genre. Au début des années 90, le cyberféminisme va se propager partout dans le monde et invite les femmes à se réapproprier le numérique. Il est

---

[120] **fig.22**: Illustration tirée du site consulté le 10 décembre 2021 :
https://www.konbini.com/fr/tendances-2/barbie-ingenieure-informaticienne-polemique/

abordé par le groupe d'artistes "VNS Matrix" dans le "Cyberfeminist Manifesto for the 21st Century", par la théoricienne Sadie Plant, par l'artiste Nancy Paterson et par la théoricienne Nathalie Magnan.

Suite à cela, nous pouvons apercevoir de nombreuses actions qui voient le jour autour du cyberféminisme : la naissance d'un magazine cyberféministe nommé "Geek Girl" par Rosie Cross, une alliance cyberféministe internationale au nom d'"OBN", le "festival Digitales" à Bruxelles, etc. Le cyberféminisme est toujours d'actualité et s'actualise pour accueillir les femmes noires et les personnes queer.[121]

Les pénélopes

Anciennement "penelopes.org", il s'agit d'une agence de presse féministe fondée par Dominique Foufelle et Joelle Palmieri qui, de 1996 à 2004, publiait chaque mois un webmagazine ayant pour but de relayer les informations du point de vue des femmes, de parler des réseaux de lutte féminins dans le monde entier, mais aussi de réunir les femmes entre elles.

The Gender Changers Academy

Ce collectif hollandais organise des ateliers afin de partager ses savoirs autour des technologies avec une approche féministe. Celui-ci propose également des ateliers d'informatique pour les femmes. https://www.genderchangers.org/

Take back the Tech

Il s'agit d'une campagne qui appelle les filles à réinvestir les technologies afin de mettre fin à la violence envers les femmes. La campagne va mettre en lumière ces violences liées à la technologie et va chercher des solutions. https://takebackthetech.net/

---

[121] "Qualifie les personnes qui ne correspondent pas au modèle sexuel traditionnel d'homme attiré par les femmes ou de femme attirée par les hommes."
https://fr.wiktionary.org/wiki/queer#:~:text=(Anglicisme)%20(LGBT)%20Qualifie,%2C%20allosexuelles%2C% 20altersexuelles%20et%20pansexuelles.

Femmes@Numérique

Femmes@Numérique aide et se bat pour l'inclusion et la visibilité des femmes dans le numérique. "La mobilisation Femmes@Numérique s'inscrit dans cette volonté d'un traitement égal des femmes et des hommes et ambitionne, avant tout, de communiquer des messages mobilisateurs et de mener des actions destinées à attirer les jeunes filles et les femmes vers cette discipline qui révolutionne nos vies."[122] https://femmes-numerique.fr/

Women in Machine Learning

Le projet a pour but d'augmenter le nombre de femmes dans le marching learning, d'aider les femmes travaillant dans le milieu à évoluer et augmenter leur impact. Chaque année, le projet organise des ateliers et des conférences. https://wimlworkshop.org/

Wallonia Wonder Women

En coopération avec "Digital Wallonia", la campagne encourage, par le biais de témoignages de plusieurs femmes travaillant dans le numérique, les jeunes filles à se lancer dans des études et carrières numériques. https://www.digitalwallonia.be/women

Women in Animation

"WIA" est une organisation visant à promouvoir les femmes dans le domaine de l'animation. "WIA" souhaite une parité dans l'animation, et cela, dans tous les postes, y compris ceux de direction. "WIA" a créé un programme de mentorat, des bourses, des conférences et des événements afin que la femme trouve sa place dans le milieu de l'animation. Leur but est d'atteindre la parité d'ici 2025. https://womeninanimation.org/

---

[122] Femmes@numérique, Le projet » Femmes@numérique. [Active], from : https://femmes-numerique.fr/le-projet/ (Accessed 11 December 2021).

"AWUK" soutient, représente et encourage les femmes dans le domaine de l'animation et des VFX. L'organisation veut casser les stéréotypes de genre par le mentorat, l'éducation et l'échange. "AWUK" organise également des évènements de réseautage et des ateliers. https://www.animatedwomenuk.com/

Free the bid

"Free the bid" est une initiative visant l'égalité des chances pour les femmes dans les entreprises commerciales et de publicité. Ils appellent à inclure plus de réalisatrices pour les productions commerciales. "Free the bid est une initiative à but non lucratif qui plaide au nom des femmes réalisatrices pour l'égalité des chances de soumissionner pour des emplois commerciaux dans l'industrie mondiale de la publicité."[123] https://www.freethebid.com/

Grande École du Numérique

"GEN" propose des formations en mettant l'inclusion à l'honneur. Leur objectif est de donner une chance à quiconque de faire carrière dans le numérique quel que soit son sexe, son âge ou sa condition sociale. Ils sont également attentifs à la mixité et ont comme public cible les femmes afin de ramener de la parité dans le numérique. Ils ont pour but d'atteindre, au minimum, les 30% de femmes dans leurs formations. https://www.grandeecolenumerique.fr/

Guerrilla Girls

Il s'agit d'un groupe d'artistes militantes américaines anonymes connues pour leurs affiches militantes suite à l'exposition "International Survey of Painting and Sculpture" du Museum of Modern Art en 1984. Elles démontrent que 76% des femmes sont nues et seulement 4% des

---

[123] Free The Bid, Home [Active], from : https://www.freethebid.com/ (Accessed 11 December 2021).

artistes sont des femmes. Elles vont exposer le problème du "male gaze" qui objectifie et sexualise le corps de la femme. https://www.guerrillagirls.com/

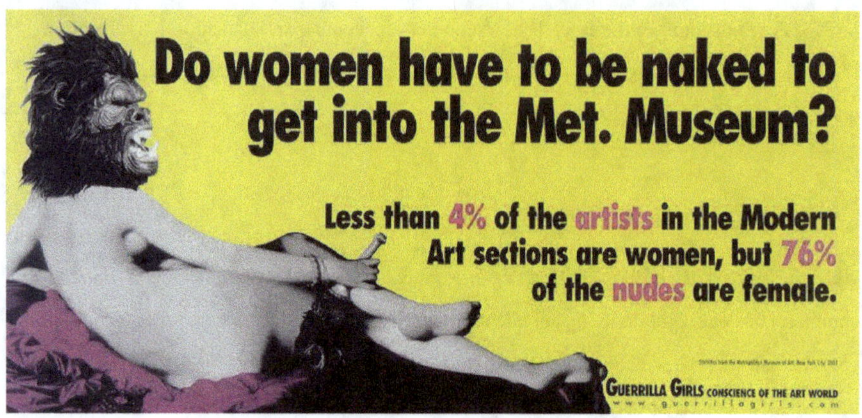

(**fig.23**: "affiche originale des Guerilla Girls", Guerilla Girls (1985))[124]

Balance ton agency

Créé en 2020 par Anne Boistard, "Balance ton agency" est un compte Instagram visant à dénoncer les cas de comportements sexistes ainsi que le harcèlement sexuel dans les agences de publicité. À ce jour, nous pouvons compter 77 300 abonnés à son actif. Cette initiative a permis de dénoncer le harcèlement sexuel et les agissements de Laurent Habib, fondateur de l'agence Babel et de Julien Casiro, à l'origine de l'agence Braaxe. https://www.instagram.com/balancetonagency/

Journée de la Femme Digitale

La "JFD" a été fondée en 2013 par Delphine Remy-Boutang. Elle vise à réduire les inégalités entre les femmes et les hommes dans le numérique par la présence de rôles modèles, l'éducation, le coaching, la communication et le financement. La "JFD" récompense chaque année des entrepreneuses en Europe et en Afrique avec les "prix Margaret" qui permettent de

---

[124] **fig.23**: Illustration tirée du site consulté le 09 décembre 2021 : https://www.franceculture.fr/emissions/le-petit-salon/le-retour-des-guerilla-girls

gagner une exposition médiatique, des sessions de coaching, des opportunités de prise de parole et des bénéfices de réseautage. https://www.joinjfd.com/

Women Who tech

Plateforme visant à financer et à accompagner les femmes dans la création de leur start-up. https://womenwhotech.org/

Women Who Code

"Women Who Code" a pour objectif de retrouver une proportion équitable de femmes à tous les niveaux de hiérarchie dans le secteur numérique. "Nous envisageons un monde où les femmes sont proportionnellement représentées en tant que leaders techniques, cadres, fondateurs, VCs, membres du conseil d'administration et ingénieurs logiciels." [125] https://www.womenwhocode.com/

Ladies Wine & Design

"Ladies Wine & Design" organise des soirées dans plus de 200 villes afin de discuter, présenter ses créations et d'échanger avec des mentors féminins. "Ladies, Wine & Design est une initiative mondiale à but non lucratif qui est présente dans 280 villes à travers le monde. LW&D a été fondée en 2015 par Jessica Walsh. Seulement 0,1 % des agences de création sont fondées par des femmes et des personnes non binaires. Notre mission est de voir plus de diversité dans l'industrie créative, en particulier dans les rôles de leadership. LW&D adopte une approche intersectionnelle de ce travail. Nous proposons des cercles de mentorat gratuits, des revues de portfolio, des discussions et des rencontres créatives pour les créatifs sous-représentés." [126] https://ladieswinedesign.com/

---

[125] Women Who Code, About Us." [Active], from : https://www.womenwhocode.com/about (Accessed 11 December 2021).

[126] Ladies, Wine & Design, Ladies, Wine & Design [Active], from : https://ladieswinedesign.com/ (Accessed 11 December 2021).

Hall of Femmes

"Hall of Femmes vise à mettre en lumière le travail des femmes dans la direction artistique et le design. Le projet a été fondé en 2009 par Samira Bouabana et Angela Tillman Sperandio. Il comprend des conférences, des expositions, des interviews, des podcasts et la publication de la série de livres "Hall of Femmes", chaque livre décrivant une designer et son travail àtravers des interviews approfondies et des images inédites."[127]
Le projet est né par l'envie de trouver plus de modèles féminins dans le design graphique. Aujourd'hui, "Hall of Femmes" organise des conférences, intitulées "Design Talks", sur le design. https://halloffemmes.com/

Alphabettes

"Alphabettes" est un site qui recense des polices de caractères uniquement créées par des femmes typographes. https://www.alphabettes.org/

Panimation

"Panimation" est un groupe Facebook qui regroupe des femmes ainsi que les personnes trans ou non binaires travaillant dans l'animation et le graphisme. Le but du groupe est de se réunir, d'échanger des connaissances et de discuter. https://www.facebook.com/groups/panimation

Paye ta bulle

Le collectif "Collectif des créatrices de bande dessinée contre le sexisme" a mis en place, sous le nom de "Paye ta bulle", le recensement de témoignages, délivrés par des femmes, relatant le harcèlement ou les violences sexuelles qu'elles ont subi dans le milieu de la bande dessinée. http://bdegalite.org/temoignages/

---

[127] Hall of Femmes, About. [Active], from : https://halloffemmes.com/about/ (Accessed 11 December 2021).

Mnémosyne

«L'association a pour but le développement de l'histoire des femmes et du genre en France, dans les universités comme dans tous les lieux, institutionnels, associatifs et culturels d'enseignement, de formation, de recherche et de conservation ».[128] L'association décerne également le "prix Mnémosyne" pour les mémoires portant sur l'histoire des femmes et du genre en France ou à l'étranger. https://www.mnemosyne.asso.fr/mnemosyne/

Women of Illustration

"Women of Illustration" est un groupe Instagram créé par Dina Rodriguez visant à promouvoir et à relayer des artistes féminines. Nous pouvons retrouver pleins d'illustrations créées uniquement par des artistes femmes. La page a également un site web avec de nombreux podcasts qui parlent d'art et qui visent à aider et à soutenir les femmes artistes. https://www.instagram.com/womenofillustration/

Gaze magazine

"Gaze" est une revue indépendante fondée par Clarence Edgard-Rosa qui promeut le "female

---

[128] Association Mnémosyne, Qui sommes-nous ? - Mnémosyne - Association pour le développement de l'histoire des femmes et du genre. [Active], from : https://www.mnemosyne.asso.fr/mnemosyne/mnemosyne/ (Accessed 11 December 2021).

(fig.24: "Gaze Magazine n°3", Gaze (2021))[129]

gaze". Nous pouvons y retrouver des témoignages, des récits et des photographies qui retranscrivent le regard féminin. https://www.gaze-magazine.com/

thatswhatxsaid

"thatswhatxsaid" est une galerie d'art engagée Bruxelloise fondée par Elisa Huberty et Rébecca Prosper. On peut y voir de nombreuses expositions et événements engagés. On peut y acheter

---

[129] fig.24: Illustration tirée du site consulté le 10 décembre 2021 : https://www.gaze-magazine.com/shop/gaze-n3

(**fig.25**: "Intérieur de la galerie", thatswhatxsaid (2021))[130]

des œuvres créées par des artistes partageant les valeurs de la galerie.
https://thatswhatxsaid.com/

Gynepunk

Le collectif "Gynepunk" utilise la technologie pour décoloniser le corps féminin. Il élabore, avec les moyens du bord, des outils de gynécologie. Le collectif a, par exemple, conçu un

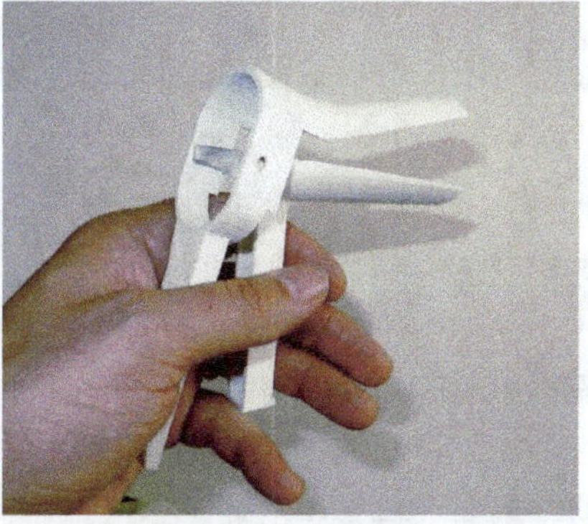

(**fig.26**: "Speculum 3D par Gaudi Labs", Urs Gaudenz)[131]

---

[130] **fig.25**: Illustration tirée du site consulté le 10 décembre 2021 : https://www.instagram.com/p/CTU2hozNrz9/
[131] **fig.26**: Illustration tirée du site consulté le 10 décembre 2021 :
https://www.makery.info/en/2015/06/30/gynepunk-les-sorcieres-cyborg-de-la-gynecologie-diy/

spéculum en 3D qui est imprimable et disponible gratuitement sur le web.

WD+RU

"WD+RU", fondé en 1994, est une ressource de travaux de conceptrices graphiques. La base du projet était de promouvoir des artistes qui, par leurs œuvres, faisaient des recherches sur les nouvelles technologies. C'est ainsi qu'est née la typographie "Pussy Galore". https://wdandru.tumblr.com/

Editathon & Wikifémia

L'"Editathon" et "Wikifémia" visent tous les deux à renforcer la visibilité des femmes sur Wikipédia. En effet, 17% des biographies sur l'encyclopédie en ligne sont dédiées aux femmes. Ce qui peut s'expliquer par le fait que 80% des contributeur.trices de Wikipedia sont des hommes. "Wikifémia" fondé par "Roberte la Rousse" (une collective créée par Cécile Babiole et Anne Laforet) va dénoncer cette problématique par le biais de performances. https://wikifemia.org/

Bye bye binary

"Bye bye binary" est une "collective franco-belge, une expérimentation pédagogique, une communauté, un atelier de création typo·graphique variable, un réseau, une alliance. La collective, formée en novembre 2018 lors d'un workshop conjoint des ateliers de typographie de l'École de Recherche Graphique (erg) et La Cambre (Bruxelles), propose d'explorer de nouvelles formes graphiques et typographiques adaptées à la langue française, notamment la création de glyphes (lettres, ligatures, points médians, éléments de liaison ou de symbiose) prenant pour point de départ, terrain d'expérimentation et sujet de recherche le langage et l'écriture inclusive."[132] http://genderfluid.space/

---

[132] Gender Fluid, Home [Active], from : http://genderfluid.space/ (Accessed 11 December 2021).

Elles font des films

"Elles font des films" est un collectif de professionnelles de l'audiovisuel en Belgique qui dénonce le sexisme dans la filière cinématographique. Elles militent pour la fin des violences sexistes, de la parité, de la diversité et de l'inclusion dans le parcours scolaire, au travail et dans les jurys. Elles prônent la visibilité et la diffusion des cinéastes femmes et des personnes minorisées. http://ellesfontdesfilms.be/

Graines de cinéastes

"Graines de cinéastes" promeut les réalisatrices qui débutent dans le cinéma belge. Ce projet est porté par l'asbl "Elles Tournent-Dames Draaien" qui "valorise le travail des femmes dans le monde artistique et culturel en général et tout particulièrement le secteur audiovisuel. Dans ce but, l'association développe des activités telles que la création et l'animation d'événements socioculturels, de festivals, d'ateliers, de ciné-clubs, et de conférences."[133] https://ellestournent-damesdraaien.org/

Les femmes s'animent

L'association a pour but de promouvoir les femmes dans l'animation et déconstruit les stéréotypes de genre dans les contenus animés. Elle encourage les femmes à avoir plus de responsabilités dans les métiers de l'animation et à réduire les inégalités. http://lesfemmessaniment.fr/

Les sous-entendu.e.s

"Les sous-entendu.e.s" est une collective féministe qui visibilise les femmes dans leur travail. Elles présentent des collectives féministes ainsi que des femmes dans la politique, l'art, la culture ou le social. https://www.instagram.com/lessousentendu.e.s/

---

[133] Elles Tournent, Projet graines de cinéastes – Elles Tournent – Dames Draaien. [Active], from : https://ellestournent-damesdraaien.org/projet-graines-de-cineastes/ (Accessed 11 December 2021).

Femmes artistes invisibles

"Femmes artistes invisibles" est un compte instagram créé par Valentine Grisot relatant l'histoire de l'art de manière plus inclusive. On peut y découvrir de nombreuses femmes artistes ainsi que leurs œuvres qui ont été invisibilisées et y découvrir de nouveaux rôles modèles. https://www.instagram.com/femmesartistes_invisibles/

Préparez-vous pour la bagarre

Rose Maly a créé un compte instagram ainsi qu'un livre nommé "Préparez-vous pour la bagarre : défaire le discours sexiste dans les médias". Ceux-ci ont pour but de déconstruire le discours sexiste présent dans les médias. https://www.instagram.com/preparez_vous_pour_la_bagarre/

Censored

"Censored" est un magazine féministe et artistique imaginé par Apolline et Clémentine. Il vise à donner de la visibilité aux femmes et à la communauté LGBTQIA+. "Censored veut laisser une trace et inspirer de nouveaux imaginaires inclusifs pour créer une archive vivante. Censored, c'est un magazine indépendant inspiré des mouvements punk et Do It Yourself pour documenter l'avant-garde féministe."[134] https://censoredmagazine.fr/

Dans le silence d'une mer abyssale

"Dans le silence d'une mer abyssale" est un documentaire, réalisé par Juliette Klinke, narrant l'histoire des femmes pionnières dans le cinéma qui ont été invisibilisées et oubliées. Elle déconstruit notre propre savoir cinématographique et nous fait découvrir une autre histoire du cinéma que nous ne connaissons pas. https://www.facebook.com/Dans-le-silence-dune-mer-abyssale-107626608251607

---

[134] Censored Magazine, A propos [Active], from : https://censoredmagazine.fr/a-propos (Accessed 11 December 2021).

Les 11%

"Les 11%" est un compte instagram qui a pour objectif de publier un film réalisé par une femme toutes les semaines. https://www.instagram.com/lesonzepourcent/

Vénus s'épilait-elle la chatte

"Vénus s'épilait-elle la chatte" est une série de podcasts féministes créée par Julie Beauzac qui déconstruit l'histoire de l'art. Elle met en lumière des femmes artistes souvent oubliées et déconstruit le "male gaze" présent dans l'art. Dernièrement, son épisode sur Picasso lui a fait remporter trois prix. https://www.venuslepodcast.com/

(**fig.27**: "Julie Beauzac", @julie_sebadelha (2021))[135]

---

[135] **fig.27**: Illustration tirée du site consulté le 10 décembre 2021 : https://www.instagram.com/p/CV2SijcAFCN/

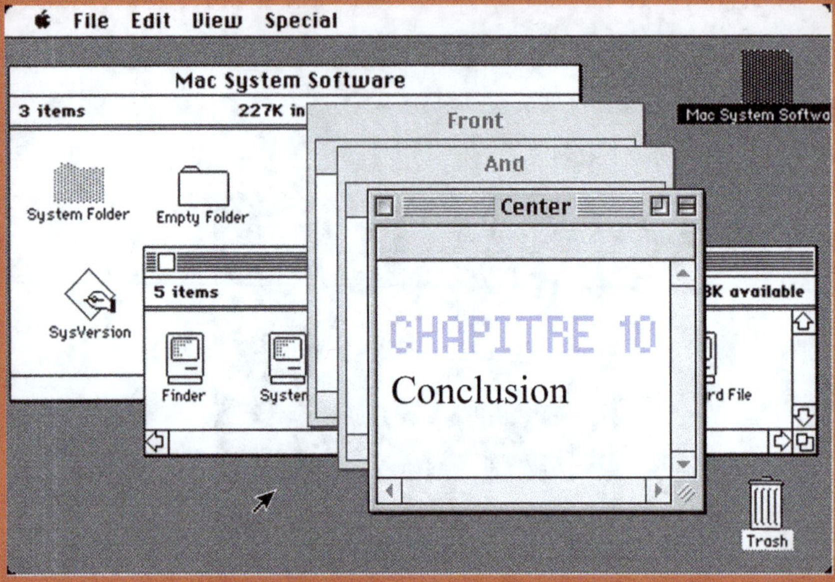

File Edit View Special
Mac System Software
3 items
227K in
Mac System Softwa
System Folder
Empty Folder
SysVersion
Front
And
Center
5 items
Finder
System
CHAPITRE 10
Conclusion
3K available
rd File
Trash

10.
Conclusion

En entamant ce mémoire, je voulais comprendre pourquoi j'étais majoritairement la seule femme sur mes différents lieux de travail. À travers mes recherches, j'ai pu comprendre les différentes problématiques, liées notamment au système de genre, qui sont à l'origine de mes différents questionnements par rapport à ma situation.

J'ai donc pu mettre des mots et des explications sur mes interrogations, et l'écriture de ce mémoire m'a également permis de cultiver une riche expérience. Tout d'abord d'un point de vue connaissances. À travers mes recherches, j'ai pu en apprendre énormément sur les questions de genre mais également sur l'histoire du numérique, du cinéma et de l'art. Je me retrouve enrichie par la connaissance de nouvelles artistes et de leurs œuvres mais aussi de diverses actions et collectif.ves qui vont m'inspirer au quotidien et dans mes créations personnelles. Je pense faire preuve également de plus d'inclusivité par mes recherches. Je choisis mieux mes mots pour m'adresser aux gens et je fais preuve de plus de recul face à la personne.

Je me retrouve également enrichie de nouvelles relations et de nouveaux rôles modèles avec qui partager des expériences mutuelles et me sentir, à l'avenir, moins seule en tant que femme dans le numérique. J'ai pu remarquer, notamment grâce à mes interviews, le bien que pouvait faire un partage d'expériences et un échange avec quelqu'un qui nous ressemble et à qui l'on peut s'identifier. J'ai pu découvrir des femmes, à travers la lecture de mon mémoire ou par le biais d'interviews, qui ressentaient du bien-être à pouvoir enfin évoquer ces questions et de pouvoir découvrir des rôles modèles et des collectif.ves. Je pense que le fait de, tout simplement, évoquer ces sujets et libérer sa parole est un énorme pas en avant. Nous avons pu le voir avec #MeToo ou plus récemment avec #balancetonbar, que si nous sommes nombreux.euses à élever nos voix, celles-ci ne peuvent plus être ignorées.

Je pense qu'il est important de nous libérer de nos stéréotypes de genre pour que chacun, que l'on soit homme, femme ou non-binaire, évolue et fasse ses choix sans aucune appréhension ou peur de jugement. Je pense qu'il est temps de se libérer des dogmatismes du genre qui nous figent dans une case et dans nos choix. Le numérique n'en est seulement qu'à ses débuts. Celui-ci va bouleverser profondément notre société. Nous avons déjà fait des erreurs dans le passé en manquant d'inclusion, en rejetant et en étant violent envers les différences. Ne reproduisons pas les mêmes fautes dans cette nouvelle ère qui vient à nous. Nous devrons sûrement faire face à de nombreux problèmes sociaux, climatiques ou politiques dans le futur. Nous ne pouvons pas gâcher nos talents sur base de stéréotypes. Nous avons besoin d'une diversité de points de vue et de solutions pour des problèmes qui seront de plus en plus complexes.

L'inclusion de la femme dans le numérique ne sera pas chose facile, cela va prendre du temps. Il faut réintroduire les femmes dans l'histoire afin d'avoir des rôles modèles féminins inspirants et de prouver que les femmes ont toujours été présentes et qu'elles sont, elles aussi, des pionnières. Il est temps de donner de la visibilité au travail des femmes et de porter leurs projets par diverses actions et financements. Un nouveau regard, ici, féminin ouvre à davantage de diversité et nous permet de découvrir de nouveaux points de vue et de nouvelles images. Celles-ci apportent un regard neuf sur les objets et les visuels que nous regardons et que nous partageons avec les générations futures. Reproduire les mêmes images stéréotypées et genrées à nos enfants ne fera que poursuivre le cercle vicieux dans lequel ils s'enliseront et qu'ils reproduiront à leur tour. C'est le moment de voir de nouvelles choses que nous n'avons peut-être même pas encore découvertes. Nous devons changer le regard genré que nous introduisons dans nos machines pour un avenir où tout le monde peut trouver sa place et être représenté dans la société. Nous devons prendre conscience des stéréotypes de genre qui sont présents dès l'enfance et qui continuent de se nourrir à travers l'école et le travail. En déconstruisant ceux-ci, nous redonnons confiance en les capacités de chacun. Nous devons nous battre contre le sexisme et ses violences qui font encore trop de victimes. Cela ne doit plus exister car cela n'a pas de raison d'être.

J'ai abordé la problématique de ce mémoire à travers mon point de vue c'est à dire celui d'une femme jeune et blanche. J'ai donc une expérience très différente d'une femme plus agée, d'une consœur de couleur ou encore d'une personne trans. Les impliquer dans ce combat est primordial. L'égalité et la mixité concernent tout le monde, à toutes les échelles de pouvoir, dans toutes les classes sociales et quelles que soient ses origines et sa sexualité.

Il est temps de redonner au web et à l'ordinateur sa force d'origine. C'est-à-dire, un outil de savoir et de partage qui est accessible à tous.tes et pour tous.tes. Je ne peux que citer Tim Berners-Lee, principal inventeur du WWW : "This is for everyone".

File Edit View Special
Mac System Software
3 items
227K in
Mac System Softwa
System Folder
Empty Folder
SysVersion
5 items
Finder
System
Front
And
Center
CHAPITRE 11
Bibliographie
3K available
rd File
Trash

11.
Bibliographie

Afin de ne pas charger en longueur ce livre, j'ai préféré déplacer la bibliographie en ligne. Pour consulter la bibliographie ainsi que les différentes interviews dans leur entièreté, je vous invite à vous rendre sur le site : https://lafemmedanslemultimedia.netlify.app/

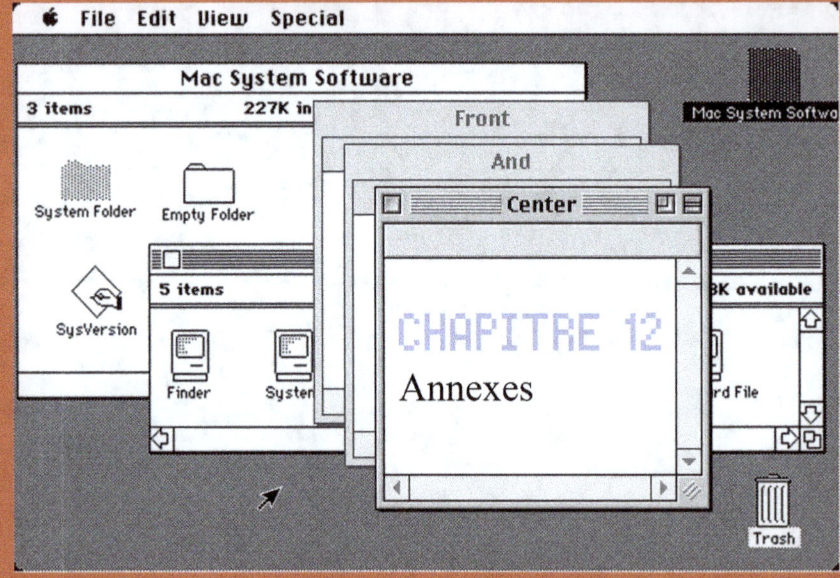

File   Edit   View   Special
Mac System Software
3 items   227K in
System Folder   Empty Folder
SysVersion
Front
And
Center
CHAPITRE 12
Annexes
Mac System Softwa
5 items
Finder   System
3K available
rd File
Trash

12.
Annexes

Liste alphabétique des femmes pionnières dans le numérique citées au chapitre 5

- Ada Lovelace
- Anna Anthropy
- Bianca Majolie
- Carol Shaw
- Dona Bailey
- Eniac Girls
- Fei Fei Li
- Grace Hopper
- Hedy Lamarr
- Jaime Levy
- Jennifer Lee
- Karen Sparck Jones
- Kazuko Nakamura
- Lilian Friedman
- Lotte Reiniger
- Mary Blair
- Milicent Patrick
- Muriel Tramis
- Nathalie Magnan
- Olia Lialina
- Reiko Okuyama
- Roberta Williams
- Rocket Girls
- Stephanie Steve Shirley
- Vera Molnar

Liste alphabétique des actions et des collectif.ves cités au chapitre 9

- Alphabettes

- Animated Women UK

- Balance ton agency

- Bye bye binary

- Censored

- Cyberféminisme

- Dans le silence d'une mer abyssale

- Editathon & Wikifémia

- Elles font des films

- Femmes artistes invisibles

- Femmes@Numérique

- Free the bid

- Gaze magazine

- Graines de cinéastes

- Grande École du Numérique

- Guerrilla Girls

- Gynepunk

- Hall of Femmes

- Journée de la Femme Digitale

- Ladies Wine & Design -   Les 11%

- Les femmes s'animent

- Les pénélopes

- Les sous-entendu.e.s

- Mnémosyne

- Panimation

- Paye ta bulle

- Préparez-vous pour la bagarre

- Take back the Tech

- thatswhatxsaid

-   The Gender Changers Academy

-   Vénus s'épilait-elle la chatte

-   Wallonia Wonder Women

-   WD+RU

-   Women in Animation

-   Women in Machine Learning

-   Women of Illustration

-   Women Who Code

-   Women Who tech

Interviews

Afin de ne pas charger en longueur ce livre, j'ai préféré déplacer les interviews en ligne. Pour consulter les différentes interviews ainsi que la bibliographie dans leur entièreté, je vous invite à vous rendre sur le site : https://lafemmedanslemultimedia.netlify.app/

Graphiques

PIPELINE TO LEADERSHIP FOR WOMEN IN CREATIVE & TECH ROLES
Women's creative and technical credits by department across 400 films, 2016-2019

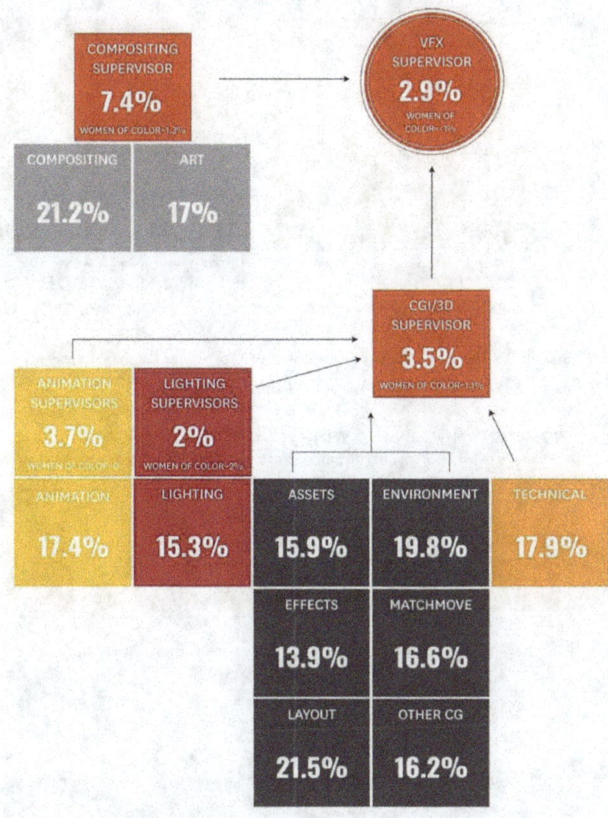

(**fig.28**: "Graphe de la proportion de femmes dans des rôles de l'industrie créative et technologique et dans les positions de pouvoir vers lesquels ces rôles pourraient évoluer, Dr Stacy L. Smith, l'Annenberg Inclusion Initiative et Women in Animation (2019))[136]

---

[136] **fig.28**: Illustration tirée du site consulté le 14 décembre 2021 :
https://www.cartoonbrew.com/artist-rights/report-women-only-occupy-around-a-fifth-of-vfx-roles-210476.html?fbclid=IwAR0EI24RP_PQViPbCJZ7RroUf_iDw6SuN6FP5kkDOvN3oikj5tduvQaHecU

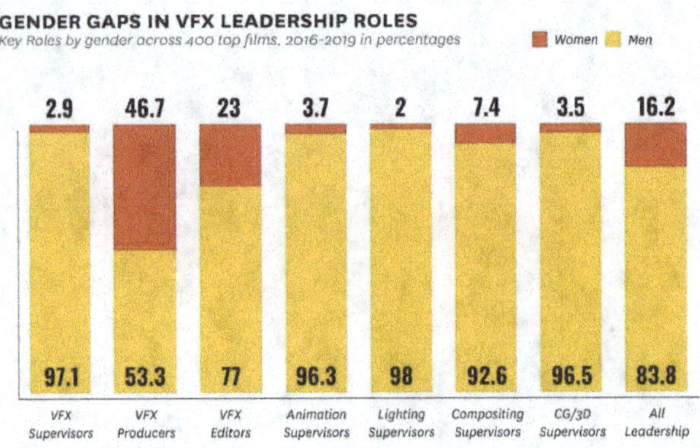

(**fig.29**: "Écarts entre les sexes dans les rôles de leadership VFX", Dr Stacy L. Smith, l'Annenberg Inclusion Initiative et Women in Animation (2019))[137]

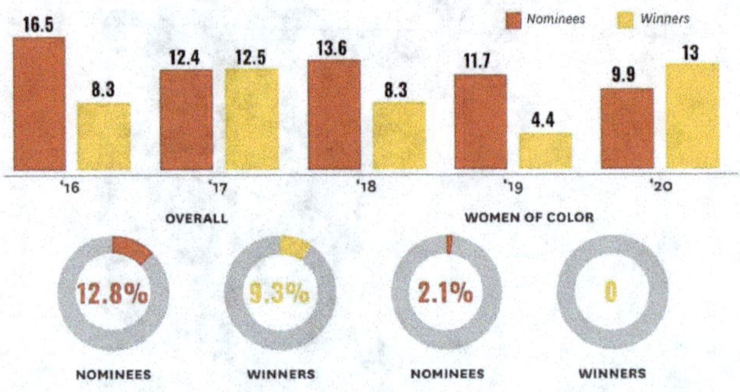

(**fig.30**: "Femmes nominées et lauréates de prix VFX", Dr Stacy L. Smith, l'Annenberg Inclusion Initiative et Women in Animation (2019))[138]

---

[137] **fig.29**: Illustration tirée du site consulté le 14 décembre 2021 :
https://www.cartoonbrew.com/artist-rights/report-women-only-occupy-around-a-fifth-of-vfx-roles_210476.html?fbclid=IwAR0EI24RP_PQViPbCJZ7RroUf_iDw6SuN6FP5kkDOvN3oikj5tduvQaHecU
[138] **fig.30**: Illustration tirée du site consulté le 14 décembre 2021 :
https://www.cartoonbrew.com/artist-rights/report-women-only-occupy-around-a-fifth-of-vfx-roles-210476.html?fbclid=IwAR0EI24RP_PQViPbCJZ7RroUf_iDw6SuN6FP5kkDOvN3oikj5tduvQaHecU

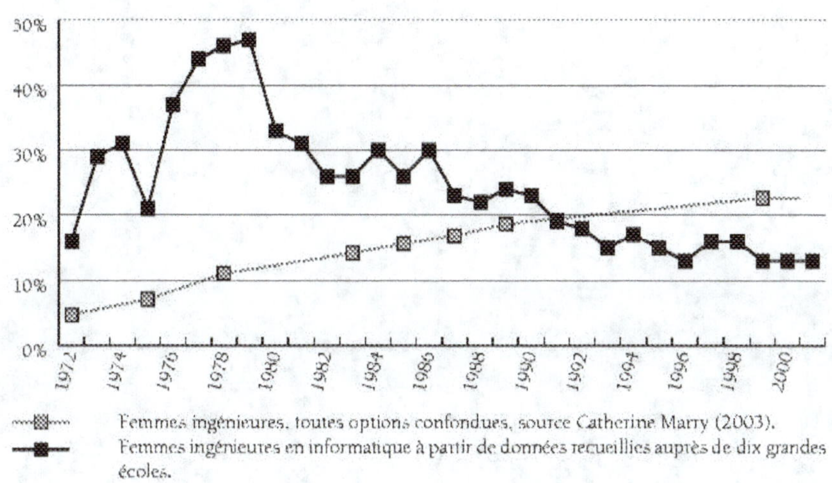

Graphique I. — Pourcentage de femmes ingénieures

*Graphique II. — Nombre d'étudiants (étudiantes) dans l'option informatique**

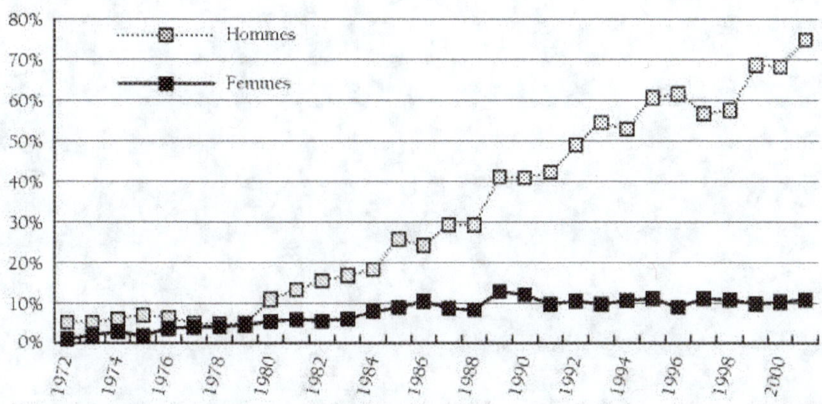

* Sur dix grandes écoles préparant au diplôme d'ingénieurs avec option informatique.

(**fig.31,32**: "La disparition des filles dans les études d'informatique", Isabelle Collet (2003)[139]

---

[139] **fig.31,32**: Illustration tirée du site consulté le 14 décembre 2021 :
https://www.cairn.info/revue-carrefours-de-l-education-2004-1-page-42.htm